O CICLO DA PÁSCOA

COLEÇÃO TABOR

Encontro com Deus na liturgia – Valeriano Santos Costa

Modelos bíblicos de oração – Jordi Latorre

O ciclo do Natal: celebrando a encarnação do Senhor –
Bruno Carneiro Lira

O ciclo da Páscoa: celebrando a redenção do Senhor –
Bruno Carneiro Lira

Tempo e canto litúrgicos – Bruno Carneiro Lira

Tríduo pascal: espiritualidade e preparação orante –
Antonio Francisco Lelo

Vida cristã: a existência no amor – Valeriano Santos Costa

Bruno Carneiro Lira

O CICLO DA PÁSCOA

Celebrando a redenção do Senhor

Dados Internacionais de Catalogação na Publicação (CIP)
(Câmara Brasileira do Livro, SP, Brasil)

Lira, Bruno Carneiro
O ciclo da Páscoa : celebrando a redenção do Senhor /
Bruno Carneiro Lira. – São Paulo : Paulinas, 2012. –
(Coleção tabor)

Bibliografia
ISBN 978-85-356-2979-8

1. Jesus Cristo - Ressurreição 2. Páscoa - Celebrações I. Título. II. Série.

11-13292   CDD-264.0272

Índice para catálogo sistemático:
1. Páscoa : Celebrações : Observância religiosa : Cristianismo   264.0272

1ª edição –2012
1ª reimpressão –2015

Direção-geral:	*Bernadete Boff*
Editores responsáveis:	*Vera Ivanise Bombonatto e Antonio Francisco Lelo*
Copidesque:	*Cirano Dias Pelin*
Coordenação de revisão:	*Marina Mendonça*
Revisão:	*Ruth Mitzuie Kluska*
Assistente de arte:	*Ana Karina Rodrigues Caetano*
Gerente de produção:	*Felício Calegaro Neto*
Ilustração de capa:	*Sergio Ceron*
Editoração eletrônica:	*Manuel Rebelato Miramontes*
Ilustrações:	*Sérgio Ceron e Gustavo Montebello*

*Nenhuma parte desta obra pode ser reproduzida ou transmitida por
qualquer forma e/ou quaisquer meios (eletrônico ou mecânico, incluindo
fotocópia e gravação) ou arquivada em qualquer sistema ou banco
de dados sem permissão escrita da Editora. Direitos reservados.*

Paulinas
Rua Dona Inácia Uchoa, 62
04110-020 – São Paulo – SP (Brasil)
Tel.: (11) 2125-3500
http://www.paulinas.org.br
editora@paulinas.com.br
Telemarketing e SAC: 0800-7010081
© Pia Sociedade Filhas de São Paulo – São Paulo, 2012

Dedico à minha sobrinha, Rebeca Aragão Lira.

E aos amigos: Dom Matias Fonseca de Medeiros, osb;
Pe. Sérgio Absalão; Ir. Emanuela de Melo, osb;
Ricardo Fernando de Souza Melo; Fabiana e filhos;
Mário Roberto de Souza Melo; Ziva e filhos;
Sr. Mário Alves de Souza Melo e sra. Benildes Melo.

Ao prof. Éverson Tavares; à profa. Maria Stella
Façanha Costa; à profa. Priscila Ribeiro; Elza, Ana,
Máxima Pimentel e família; Cira Ribeiro;
Rogério Antunes; dr. Luiz Antônio Marcuschi;
profa. dra. Marígia Ana de Moura Aguiar;
profa. dra. Lívia Suassuna;
à minha querida secretária escolar,
Maria Helena Aguiar Lafayette;
à estagiária da EJA do SESC-Santo Amaro-PE,
Rebeca Barreto de Lima,
e ao amigo Erick Barbosa Lima.

Ele não está aqui. Ressuscitou.
ALELUIA, ALELUIA.
(cf. Lc 24,6a)

Sumário

Prefácio 11

Apresentação 13

1. O tempo da Quaresma 19

2. Santoral no Tempo da Quaresma 43

3. A Semana Santa: do Domingo de Ramos
   e da Paixão à Quinta-feira Santa 53

4. O Tempo Pascal 71

5. A solenidade da Ascensão do Senhor 97

6. A celebração de Pentecostes 105

Considerações finais 119

Referências bibliográficas 123

Prefácio

Pois não sabemos orar como convém,
mas o próprio Espírito intercede por nós [...].
(cf. Rm 8,26)

É pela oração que a Igreja se une a Cristo e encontra força e sustento para ser continuadora de sua missão. O Povo de Deus deve ser um povo orante, mas nem sempre rezamos como convém. A oração, mais do que recitação, é encontro com o Senhor vivo e ressuscitado, que nos convida a segui-lo, como convidou a Pedro: "Segue-me!" (Jo 21,19). Encontro que nos fascina e encanta, que nos enche de alegria e nos dá a certeza de termos encontrado a vida e todas as razões para viver. Para tanto, nada melhor do que redescobrir a Sagrada Liturgia, "cume para o qual tende a ação da Igreja e, ao mesmo tempo, fonte donde emana toda a sua força" (cf. Sacrosanctum Concilium, n. 10).

Mesmo depois de quase cinquenta anos do Concílio Ecumênico Vaticano II, muitos cristãos ainda não acordaram para a riqueza da Liturgia, e o trabalho de nosso irmão beneditino Bruno Carneiro Lira surge como precioso instrumento de esclarecimento sobre o cerne de nossa espiritualidade. É bem verdade que "a vida espiritual não se restringe unicamente à participação da Sagrada Liturgia" (cf. *SC*, n. 12), mas, sem ela, corremos o risco de andar por caminhos cheios de incerteza e insegurança.

Todos queremos chegar a Deus e, a fim de que não nos perdêssemos nessa busca que acompanha todo ser humano, Cristo veio ao nosso encontro e a ninguém excluiu dessa possibilidade de realização humana e plenitude divina. Ele é o caminho e, na celebração do Mistério Pascal de sua paixão, morte e ressurreição, vemos a realização de nossa salvação.

Nesta obra, sem nenhum desprezo às nossas devoções pessoais, o autor recoloca o Mistério Pascal no centro da espiritualidade. Ganhamos, com isso, motivação para viver melhor o jejum, a oração e a caridade fraterna, práticas que vivemos não somente na Quaresma, mas, continuamente, em nossa caminhada de conversão rumo ao Pai. Pois, como nos recordou o autor, "é o Senhor quem dá eficácia à penitência de seus fiéis".

Além disso, é sempre bem-vinda uma obra que nos ajude a compreender como podemos nos apropriar dos mistérios da Paixão, da Morte e da Ressurreição de Cristo participando consciente, ativa e frutuosamente da Sagrada Liturgia (cf. *SC*, n. 11). Bem como compreender a beleza de nosso Batismo, pelo qual fomos inseridos em Cristo e formamos com ele um só corpo, uma vez que a Quaresma será o impulso necessário para a renovação de nossa fé batismal na noite santa da Ressurreição.

Tudo isso nos alegra imensamente porque acaba reavivando em nós nossa condição de discípulos missionários de Cristo, na medida em que faz da Quaresma e do Tempo Pascal um itinerário de compreensão e renovação de nossa graça batismal. Quanto mais compreensão tivermos sobre nosso Batismo, mais facilmente a Igreja poderá se colocar com seus filhos em estado permanente de missão.

Agradecemos e parabenizamos a Dom Bruno Carneiro Lira pela valiosa colaboração à formação litúrgica e desejamos aos que tiverem acesso a esta obra que aproveitem ao máximo, e o Espírito Santo os anime a colocá-la em prática.

DOM ANTÔNIO FERNANDO SABURIDO, OSB

ARCEBISPO METROPOLITANO DE OLINDA E RECIFE

Apresentação

O presente compêndio intenta aprofundar o nosso livro *Tempo e canto litúrgicos*, agora, no que concerne à celebração da Redenção do Senhor no Mistério de sua Páscoa. Sabemos da grande importância da Páscoa anual no calendário litúrgico; aliás, é ela que ilumina todas as outras comemorações, tornando-se a solenidade mais importante para o cristão. Já tendo refletido, em outra obra nossa, sobre o mistério da Encarnação do Senhor, achamos por bem nos debruçar na meditação do ciclo da Páscoa seguindo o mesmo esquema que adotamos ao estudar o ciclo do Natal, ou seja, uma preparação: a *Quaresma* e a sua vivência – o *Tempo de Páscoa*. Essa obra, portanto, destina-se a todos aqueles que se preocupam ou se interessam pela Sagrada Liturgia, seja por um interesse pessoal, seja comunitário. Esse é o nosso desejo: que nossos leitores, sobretudo as Equipes Paroquiais de Liturgia, possam transmitir aos irmãos e irmãs aquilo que poderão haurir deste texto.

Não se pode esquecer de que a Páscoa cristã tem uma continuidade com a Páscoa judaica. Ambas são marcadas a partir da primeira lua cheia da primavera no hemisfério norte, que, para nós que estamos abaixo da linha do Equador, é o tempo de outono. Vemos isso, claramente, no Livro do Êxodo 23,14-15:

> Farás três festas de peregrinação por ano em minha honra. Guardarás a festa dos Pães sem Fermento: durante sete dias comerás pães sem fermento, como te ordenei, no tempo marcado do mês de Abib, pois nesse mês saíste do Egito. Ninguém compareça diante de mim com as mãos vazias.

Em outro lugar, no mesmo Livro do Êxodo, 34,18, temos: "Guardarás a festa dos Pães sem Fermento. Durante sete dias comerás pão sem fermento, como te ordenei, no tempo marcado do mês de Abib, pois foi nesse mês das Espigas que saíste do Egito".

Segundo o amigo judeu Mário Roberto Melo,[1] Abib quer dizer primavera na língua hebraica, portanto não se deve confundir com

---

[1] Por e-mail, em 22 de março de 2011.

Nisan, que corresponde ao mês da Páscoa. Os meses, em hebraico, são: Tishirei, Heshivan, Kislev, Tivat, Shivat, Adar, Nisan, Lar, Sivan, Tamuz, Av e Eluli. Assim, a Páscoa acontece após quatorze dias do mês de Nisan (entre os dias 22 de março e 25 de abril), visto que os meses no Judaísmo iniciam com a lua nova, portanto, contando quatorze dias a partir da lua nova de Abib, temos a lua cheia da Páscoa, já é Semana Santa. Se subtrairmos 47 dias do Domingo de Páscoa, temos o carnaval e o início da Quaresma. Como vimos, a Páscoa judaica celebra o memorial do *êxodo*, a libertação do *povo eleito* da escravidão do Egito, e liga-se à matança dos primogênitos egípcios. Os judeus deveriam colocar a marca de sangue do cordeiro novo nos umbrais das portas para lembrar, ao anjo exterminador, que estavam comendo a Páscoa, conforme as prescrições do Senhor. Esses seriam poupados.

Nos dias hodiernos, as famílias judias colocam nos umbrais de suas portas a *Mezuza* (pronuncia-se como uma palavra oxítona), que é uma espécie de caixa de madeira que contém um pergaminho com versículos do Livro do Deuteronômio, ou seja, o *Shema* (Ouve, Israel!), Dt 6,4-9, e o *Vehaia* (um aprofundamento do *Shema*), Dt 11,13-21. A *Mezuza*, por sua vez, deverá ser posta do lado direito da porta, a sete palmos do solo e com a ponta de cima voltada para o lado interno do umbral. Existem *Mezuzas* até mesmo nas portas internas das casas onde residem famílias judias. Foi, portanto, nesse período do ano que Jesus celebrou uma Páscoa judaica (elemento de continuidade) na véspera de sua Paixão. No meio dessa celebração, estabelece uma novidade, o elemento de ruptura: o pão ázimo torna-se, agora, o seu Corpo, e o terceiro cálice, o da bênção, o seu Sangue. Portanto, é o novo Cordeiro Pascal. Em cada Missa fazemos o memorial de sua Morte e Ressurreição como atualização desse Mistério, até que ele venha. Aqui, faço um agradecimento ao Mário pela gentileza das suas explicações no que se refere às tradições judaicas.

O primeiro e o segundo capítulos tratam da preparação para a Páscoa, portanto do Tempo da Quaresma, sobretudo os Domingos dos anos A, B e C, os quais chamamos de uma Quaresma Batismal, uma cristológica e outra penitencial, respectivamente, conforme os ciclos dominicais. Antes de tratar desses Domingos, reflete sobre a liturgia da Quarta-feira de Cinzas. O segundo traz uma reflexão em torno do Santoral deste tempo.

O capítulo três versa sobre a Semana Santa, partindo do Domingo de Ramos e da Paixão (Sexto da Quaresma) até a Quinta-feira Santa (pela manhã) na Missa do Crisma, levando em consideração, sobretudo, os textos das *celebrações eucarísticas* e alguns elementos da *Liturgia das Horas*. Não trataremos do Tríduo Pascal, visto que o seu estudo e reflexão já foram feitos, de maneira bem catequética, pelo Padre Antonio Lelo.[2]

O capítulo seguinte busca aprofundar a celebração do Domingo de Páscoa e a sua oitava, como também os sete Domingos subsequentes, visto que o Primeiro Domingo da Páscoa é o próprio dia da Ressurreição. No Brasil, o Sétimo Domingo cede lugar à solenidade da Ascensão do Senhor, da qual trataremos no capítulo cinco.

O último traz a celebração de Pentecostes, no Oitavo Domingo após a Páscoa, completando, assim, as sete semanas de festa. Na segunda--feira que segue a este Domingo, retoma-se o Tempo Comum.

Aprofundaremos as celebrações deste ciclo, sempre, levando em consideração os aspectos bíblicos, teológicos, litúrgicos e pastorais.

A teologia quaresmal centra-se na necessidade de nossa conversão ao Senhor. É o tempo favorável que ele nos dá. Nos primórdios, esse tempo destinava-se à preparação dos catecúmenos para recepção do Batismo na Noite Santa da Páscoa. Posteriormente, quando o sacramento da Penitência só era ministrado uma vez por ano, em uma Missa chamada da Reconciliação dos Penitentes, que acontecia na manhã da Quinta-feira Santa, esse tempo passou a ter um caráter penitencial. Os pecadores públicos, no início da Quaresma, colocavam cinzas sobre a cabeça, vestiam-se de saco, faziam jejuns para serem reconciliados nessa Missa anual.

Ainda hoje, a Igreja se preocupa em motivar e organizar um catecumenato para os adultos que desejam tornar-se cristãos católicos. Portanto, no *Ritual de Iniciação para os Adultos* encontramos os es-

---

[2] LELO, Antônio Francisco. *Tríduo Pascal;* espiritualidade e preparação orante. São Paulo: Paulinas, 2009. (Coleção Tabor.)

crutínios e apresentações à comunidade daqueles que se preparam para o Batismo, e até mesmo o Terceiro, o Quarto e o Quinto Domingo da Quaresma são os dias propícios para os ritos de entrada e os exorcismos, ficando, assim, somente a profissão de fé e recepção do Batismo para a noite da Vigília Pascal. Também, em concomitância com esse sagrado tempo, os pecadores públicos, que hoje somos todos nós, mas sobretudo aqueles que se apresentaram publicamente para receber cinzas no início da Quaresma, fazem suas penitências e seus gestos concretos que devem demonstrar a conversão sincera. Nesse caso, inspirados pelo ensinamento do Senhor no Evangelho, pautam suas atitudes pela obras de caridade, pelo jejum, e dedicam maior tempo à oração.

No final do século IV, temos uma Quaresma de quarenta dias. A tradição bíblica dá a esse tempo um valor salvífico. Temos os quarenta dias que Moisés passou no Monte Sinai para receber a Lei de Deus, os quarenta anos de travessia pelo deserto rumo à Terra Prometida, os quarenta dias do profeta Elias no monte Horeb. Jesus, por sua vez, preparando-se para iniciar sua vida público-missionária, permanece quarenta dias no deserto e vence as tentações do demônio com práticas quaresmais: jejuns e orações. Por sinal, todos os anos, sejam eles do ciclo de leituras A, B ou C, o Primeiro Domingo da Quaresma traz, sempre, para a nossa meditação, o episódio das tentações de Jesus.

O Concílio Vaticano II recomenda que se esclareça aos fiéis sobre a dupla índole da Quaresma: a preparação e lembrança do Batismo e o aspecto da penitência, que nos levarão a renovar as promessas batismais e a professar a fé na Noite Pascal.

A Igreja, ao começar o caminho quaresmal, está consciente de que o seu próprio Senhor é quem dá eficácia à penitência dos seus fiéis, motivo pelo qual essa atividade ascética atinge um valor na ação litúrgica, uma obra de Cristo com sua Igreja. Nesse tempo todo o Povo de Deus é convocado para deixar-se purificar e santificar-se pelo seu Salvador. Segundo a constituição apostólica *Sacrosanctum Concilium*, do Concílio Vaticano II, n. 109-110, são sugeridos como prática espiritual para esse tempo litúrgico a escuta mais frequente da Palavra de Deus, a oração mais intensa e prolongada, o jejum e as obras de caridade. Temas que tempo litúrgico a escuta mais frequente da Palavra de Deus, a oração mais intensa e prolongada, o jejum e as obras de caridade. Temas que iremos refletir, mais profundamente, quando tratarmos da liturgia da Quarta-feira de Cinzas.

Portanto, é nossa intenção, com a presente obra, despertar nos fiéis católicos o desejo da santidade, cuja única fonte é o Mistério Pascal de Jesus Cristo. Como nos diz o apóstolo Paulo, pelo Batismo fomos sepultados com Cristo para com ele ressurgir (cf. Rm 6,4). Por isso o centro da nossa fé e de todas as celebrações litúrgicas converge para a sua Ressurreição, garantia de um futuro feliz e, no presente, sentido para o nosso viver.

Assim, nosso livro coloca-se como um convite à vivência da Páscoa de Cristo de modo mais consciente. Já o título nos convoca para isso. Usamos o verbo "celebrar" no gerúndio para dar a ideia de continuidade e porque são os batizados que celebram, não somente os ministros ordenados. É vivenciando a celebração que podemos transformar-nos converter-nos e, consequentemente, tornarmo-nos santos, pois esse é o projeto de Deus para cada um de nós.

Segundo Frozoni e Krzysztof (2009, p. 62), "[...] o caminhar é um verdadeiro canto de esperança e a chegada é um encontro de amor". É isto que propomos aos(às) nossos(as) leitores(as) com o presente texto: um caminho de esperança na certeza de uma chegada amorosa, um encontro com o próprio Ressuscitado no coração do *mistério litúrgico*.

Já aqui, nesta nossa apresentação, queremos apontar para essa vitória de Cristo no dia da sua Ressurreição gloriosa, e o fazemos com a letra do compositor Reginaldo Veloso:

Cristo ressuscitou,
O sertão se abriu em flor,
Da pedra água saiu,
Era noite e o sol surgiu,
Glória ao Senhor![3]

---

[3] CNBB. *Hinário litúrgico*. São Paulo: Paulus, 2003. 1 CD. Liturgia X – *Tempo Pascal* – Ano B.

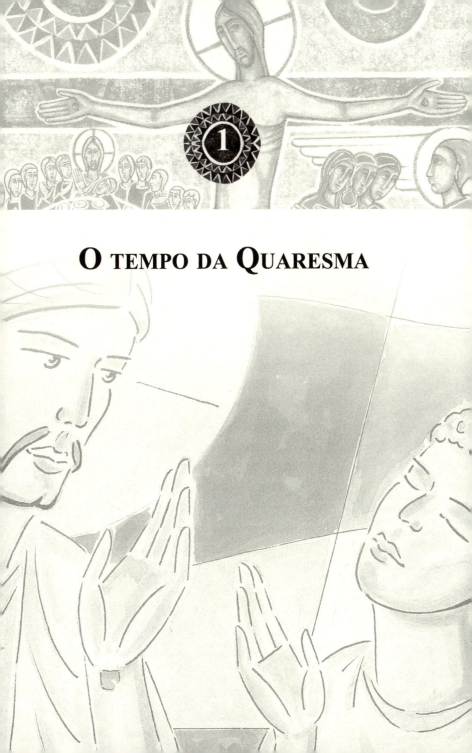

O tempo da Quaresma

Conforme os atuais livros litúrgicos, a Quaresma convida-nos a renovar e reavivar em nosso coração as disposições com que, durante a Vigília Pascal, pronunciaremos novamente as promessas de nosso Batismo. O *Missal Dominical* (s.d.) apresenta-nos esse tempo conforme a teologia dos Domingos do Ano A. Diz-nos que unidos a Jesus, que vai para o deserto a fim de ser tentado (Evangelho do Primeiro Domingo), entramos com a Igreja na grande provação desse tempo, com a intenção de seguir, sempre, a vontade do Pai em todas as circunstâncias de nossa vida.

Na contemplação da face de Jesus transfigurado (Evangelho do Segundo Domingo), encontramos a força para passar através dos sofrimentos até chegar, um dia, à contemplação de sua glória. Nascidos para a vida de filhos de Deus, em virtude da água batismal (Evangelho da samaritana), procuramos realizar cada vez mais o nosso culto espiritual em espírito e verdade. Iluminados pela fé recebida no Batismo, esforçamo-nos por viver como filhos da luz e vencer as trevas do mal que estão em nós e no mundo (perícope do cego de nascença). Ressuscitados com Jesus da morte do pecado, por obra do Espírito Santo derramado em nós no dia de nosso Batismo (episódio da ressurreição de Lázaro), esperamos atingir aquele estado de alegria e de santidade que nenhum tipo de sofrimento nos poderá tirar.

Na Quaresma, portanto, assumimos com Cristo a nossa cruz na certeza da ressurreição. Lelo (2009, p. 38) nos diz:

> A liturgia do ciclo pascal nos faz confrontar nossa vida com a vida de Cristo. Mostra-nos a cruz como sinal de contradição, fruto da vaidade, da soberba, ou seja, do pecado do mundo. Cristo foi condenado porque amou até o fim (cf. Jo 13,1), defendeu o pobre, o órfão e a viúva; inaugurou o Reino de justiça, de solidariedade, sem exclusão.

É nessa perspectiva que nos propomos viver esse tempo de penitência, tendo como único modelo Jesus Cristo, que sempre tirou o ser humano da margem e o colocou no centro, devolvendo-lhe a dignidade. Sem excluir é que ele inaugura o seu Reino. Foi assim quando perdoou a pecadora pública, o publicano Levi (Mateus), e na casa dele foi para uma refeição; o mesmo aconteceu com Zaqueu e com o leproso curado.

Todos marginalizados pela sociedade de então, mas acolhidos por Jesus Cristo. Essa também deverá ser uma de nossas atitudes nesse santo Tempo da Quaresma.

A respeito do calendário desse Tempo, Lira (2010, p. 41) nos informa:

> O mistério pascal de Jesus Cristo, centro do Ano Litúrgico, é celebrado pela Igreja com toda a solenidade e digno de cuidado [...] A preparação dessa grande solenidade é feita durante o sagrado tempo de conversão, a Quaresma, que se inicia com a Quarta-feira de Cinzas e vai até a Hora Média ou Ofício de Noa, para aqueles que rezam as Horas Menores separadamente, da Quinta-feira Santa. Portanto, o Domingo de Ramos e da Paixão e a primeira parte da Semana Santa ainda são tempo de Quaresma.

Como vemos, é somente ao se iniciar o Tríduo Pascal, com a Missa *In Coena Domini* (na Ceia do Senhor), que acaba o tempo de preparação e começa a própria celebração em honra do Cristo morto (na Sexta-feira Santa), sepultado (no Sábado Santo) e ressuscitado (no Domingo da Ressurreição).

A Quaresma é um itinerário de conversão. E para motivar-nos a essa atitude da alma, a Igreja oferece no seu *Lecionário Dominical* uma rica série de textos bíblicos. Os do Antigo Testamento nos apresentam uma síntese da História da Salvação; os do Novo apresentam, como já falamos antes, uma catequese batismal, cristocêntrica e penitencial.

O apóstolo Paulo nos diz em Rm 8,17: "[...] sofremos com ele, para sermos também glorificados com ele". A Quaresma, no entanto, não poderá ser vista como um resíduo arqueológico de práticas externas, como, por exemplo, aqui no Nordeste, de comidas tradicionais. Conversando com o Povo de Deus, ainda não muito esclarecido sobre o sentido da Quaresma e da Páscoa, vemos que para eles tudo se resume em peixes, comida com coco, vinhos e ovos pascais. Infelizmente, é mais um feriado para tantos batizados... E tudo feito na Sexta-feira da Paixão do Senhor. O Sábado Santo e o Domingo de Páscoa, para esses, passam despercebidos, até mesmo sem encontro familiar e, o que é pior, sem Eucaristia.

O Tempo da Quaresma deve adquirir um caráter sacramental. É um tempo em que de fato Cristo purifica a sua Igreja, sua Esposa (cf. Ef 5,25-27). Além de serem acentuadas as práticas ascéticas (de penitência), não se pode esquecer dessa ação purificadora e santificadora do Senhor na sua Igreja. As obras penitenciais que realizamos são sinais da nossa participação no Mistério de Cristo, que para nós se fez penitente com o seu jejum no deserto. A nossa penitência atinge um valor de ação litúrgica, ou seja, ação de Cristo e de sua Igreja, sinal sacramental da nossa conversão. A Igreja é, realmente, uma comunidade pascal porque é batismal. E não só porque é batizada, mas sobretudo porque é chamada a exprimir com uma vida de contínua conversão o sacramento que a gera. Brota daqui o caráter eclesial da Quaresma como tempo da grande convocação do Povo de Deus para que se deixe purificar pelo seu Redentor.

Nessa perspectiva, compreendemos que a prática da penitência não deve ser só interior e individual, mas deve ser caracterizada pelos seguintes aspectos: negação do pecado por ser uma ofensa a Deus; compreensão das consequências sociais do pecado; participação da Igreja nas ações penitenciais; oração mais eloquente e fervorosa.

Um outro aspecto importante desse tempo, que iremos refletir também, ao apresentarmos a liturgia da Quarta-feira de Cinzas, é a caridade que se faz solidariedade de abertura concreta aos irmãos sem distinções, começando pela família, descobrindo na vida humana o sinal vivo de Deus Criador e Salvador. A liturgia fala da prática do amor fraterno e da libertação do egoísmo, tornando-nos disponíveis às necessidades dos irmãos. A caridade não é só dar dinheiro, roupa e comida. É fazer-se doação aos irmãos no serviço fraterno, na participação em movimentos e projetos que desejam eliminar as causas da exclusão e o empobrecimento generalizado da população, como, por exemplo, a vivência plena da Campanha da Fraternidade. É ajudar as pessoas a desenvolverem suas capacidades e tornarem-se sujeitos de sua promoção. E, ainda, o jejum e a abstinência de carne expressam a íntima relação existente entre os gestos externos de penitência, mudança de vida e conversão interior. Jejuar e abster-se de carne, na afirmação do profeta Isaías, consiste em libertar os cativos, acabar com a opressão, dividir o pão com o pobre, hospedar o que não tem casa, vestir o nu. O jejum deve ser expressão de renovação interior, de desprendimento e de liberdade. Na Bíblia, o jejum é uma atitude de vigília e o alimento do qual as pessoas se privavam devia sempre ser repartido com os mais pobres. A oração e o jejum devem ser sinais de uma atitude de conversão, da justiça e da solidariedade.

No tempo da Quaresma, como veremos mais adiante, ocorrem duas solenidades: a de São José, esposo da Virgem Maria e padroeiro universal da Igreja, no dia 19 de março, e a Anunciação do Senhor, em 25 de março. Se coincidirem com Domingos da Quaresma, a celebração é antecipada para o sábado. No caso de a Anunciação ocorrer na Semana Santa, esta fica transferida para a segunda-feira depois da oitava de Páscoa. Passemos, agora, à reflexão da liturgia da Quarta-feira de Cinzas.

1.1. A Quarta-feira de Cinzas

Conforme a atual liturgia renovada pelo Concílio Vaticano II, este dia e a Sexta-feira Santa são os únicos em que é pedido a todos os adultos que jejuem em sinal de disponibilidade e solidariedade. O *Missal Dominical* (s.d.) nos diz que essa disponibilidade deverá ser de escuta à Palavra de Deus, demonstrando dar mais valor à sua Palavra que ao bem-estar imediato, sinal da conversão do coração. Assim, o jejum ritual, feito com interioridade e não por mero formalismo, torna-se sinal da fé e caminho de salvação para todo o nosso ser.

A antífona de entrada, provinda do Livro da Sabedoria (11,24-25.27), coloca-nos nas disposições interiores que devemos cultivar nesse sagrado tempo litúrgico: "Ó Deus, vós tendes compaixão de todos e nada do que criastes desprezais: perdoais nossos pecados pela penitência porque sois o Senhor nosso Deus".

Quando o ser humano faz penitência, humilha-se diante de Deus; por outro lado, este se compadece daquele que se torna pequeno e concede-lhe o seu perdão.

Nesta celebração litúrgica, o Ato Penitencial é substituído pelo gesto de imposição das cinzas. Em todas as Missas quaresmais não se diz ou se canta o hino "Glória a Deus nas alturas" nem o "Aleluia", que também é omitido na *Liturgia das Horas*. Voltará, portanto, a ser cantado festivamente na Vigília Pascal. O rito de bênção e imposição das cinzas pode acontecer fora da Missa; neste caso deverá ser precedido por uma Liturgia da Palavra com a homilia e, depois da imposição das cinzas, conclui-se com as orações dos fiéis.

Na *oração do dia*, encontramos toda a teologia desse tempo: faz um apelo a Deus para que sejamos fortalecidos pela penitência e possamos combater o mal. Eis a oração:

> Concedei-nos, ó Deus todo-poderoso, iniciar com este dia de jejum o tempo da Quaresma, para que a penitência nos fortaleça no combate contra o espírito do mal.

Após a oração, inicia-se a Liturgia da Palavra com a leitura do profeta Joel. Um clamor à interiorização da penitência: "Rasgai vossos corações, não as roupas! Voltai para o SENHOR vosso Deus, [...]" (Jl 2,13a). O profeta convoca a assembleia para um jejum sagrado e para o culto. Os ministros sagrados, mediadores entre Deus e a humanidade, devem chorar entre o vestíbulo e o altar intercedendo pelo povo. No fim do texto, a certeza: "O SENHOR se mostrou zeloso de sua terra, por isso teve compaixão do seu povo" (Jl 2,18).

O Salmo Responsorial (Sl 50), cantado pelo rei Davi quando se arrependeu de seu pecado, é colocado hoje nos lábios da Igreja como súplica do cristão que deseja ser purificado, tornar-se santo. O refrão diz: "Piedade, ó Senhor, tende piedade, pois pecamos contra vós".

Na segunda leitura, o apóstolo Paulo adverte aos Coríntios e a nós hoje que este é o tempo favorável para deixar-nos reconciliar com Deus. Somos reconciliados em Jesus Cristo para sermos embaixadores dele, ou seja, suas testemunhas até os confins da terra. Devemos apressar-nos para aproveitar o tempo favorável que o Pai nos dá, pois é agora o dia da salvação (cf. 2Cor 6,2b).

A antífona de aclamação ao Evangelho, nesse período em que não se canta o "Aleluia", é sempre uma evocação de glória, louvor e honra a Jesus Cristo, verdadeira Palavra de Deus

No Evangelho de Mateus (cf. 6,1-6.16-18), sempre o mesmo a cada ano, independente do ciclo litúrgico, o próprio Jesus Cristo nos oferece o programa da Quaresma: a esmola (caridade fraterna), a oração e o jejum, e tudo isso feito com discrição, para não sermos recompensados pelos homens, recompensa que seria passageira, sem valor de eternidade, pois a retribuição deverá vir de Deus, que vê no segredo, no oculto. É por isso que devemos rezar trancados em nosso quarto, ou seja, no nosso interior, sem chamar a atenção dos outros. Que ninguém saiba do nosso jejum, por isso lavamos o rosto e perfumamos a cabeça. Finalmente, nossa caridade, nossas ofertas, sejam dadas com a mão direita, para que a esquerda não saiba. Eis aí o programa que nos levará à conversão do coração e, consequentemente, à santidade. Mas não devemos tocar a trombeta nem nos orgulhar de tais gestos, pois perderíamos toda a recompensa do Senhor.

Diz-nos a rubrica do *Missal Romano*: depois da homilia, o sacerdote, de pé, diz de mãos unidas: "Caros irmãos e irmãs, roguemos instantemente a Deus Pai que abençoe com a riqueza da sua graça estas cinzas, que vamos colocar sobre as nossas cabeças em sinal de penitência".

As cinzas, que neste dia são postas sobre as nossas cabeças, têm profundos significados. Como sabemos, somos seres simbólicos e nos comunicamos com o Transcendente através de sinais que são compostos de significantes (elemento sinestésico-sensorial do signo) e significados, que variam em seus diversos contextos culturais. Assim, o sinal das cinzas, nesta celebração, remonta ao Antigo Testamento, onde este elemento sempre foi visto como símbolo de humilhação e penitência: deitar nas cinzas e vestir-se de sacos (andrajos) era a forma de mostrar ao público o arrependimento sincero do pecador. Em Gn 3,19, vemos claramente a referência do pó. Somos apenas poeira, portanto nada, pois ao pó voltaremos. Somente o Senhor, mediante nosso arrependimento, poderá nos reerguer e nos dar um corpo glorioso, como dele. Nessa esperança vivemos firmemente. Aliás, os salmos 4, 26 e 15 nos dão essa segurança, pois a bondade do Senhor nós veremos na terra dos viventes. Ele não deixará o nosso corpo entregue à morte nem o amigo conhecer a corrupção. Como vemos, a imposição das cinzas neste dia que inicia a Quaresma é bastante significativa e uma maneira de mostrar exteriormente aquilo que deverá acontecer em nosso interior, ou seja, o reconhecimento de nossa insignificância, o desejo de conversão e a esperança que depositamos no Senhor que sempre vem em socorro do pecador arrependido.

Em seguida, o *Missal* propõe dois textos para a bênção das cinzas. No primeiro, o sacerdote evoca a bênção sobre os fiéis que vão prosseguir na observância quaresmal. No segundo, a oração é feita sobre a cinza-pó. Vejamos os dois:

Oração 1:

Ó Deus, que vos deixais comover pelos que se humilham e vos reconciliais com os que reparam suas faltas, ouvi como um pai as nossas súplicas. Derramai a graça da vossa bênção sobre os fiéis que vão receber estas cinzas, para que, prosseguindo na observância da Quaresma, possam chegar de coração purificado ao mistério pascal do vosso Filho.

Oração 2:

Ó Deus, que não quereis a morte do pecador, mas a sua conversão, escutai com bondade as nossas preces e dignai-vos abençoar estas cinzas, que vamos colocar sobre as nossas cabeças. E assim reconhecendo que somos pó e que ao pó voltaremos consigamos, pela observância da Quaresma, obter o perdão dos pecados e viver uma vida nova, à semelhança do Cristo ressuscitado.

Como vemos, as duas orações se entrecruzam com relação à temática teológico-litúrgica. No fundo, deseja-se a mudança do pecador que quer fazer penitência, simbolizado pela imposição de cinzas. Sem o auxílio de Deus fica impossível nosso progresso espiritual tanto no tempo da Quaresma como em toda a nossa vida.

Feita a oração sobre as cinzas,[4] elas são aspergidas com água benta.

Propõem-se algumas antífonas bíblicas que podem acompanhar o Sl 50, ou outros apropriados, enquanto os fiéis se dirigem em procissão para receber o sinal penitencial das cinzas:

---

[4] Vale lembrar que as cinzas são, sempre, confeccionadas com ramos secos abençoados no Domingo de Ramos do ano anterior.

- Troquemos nossa veste por cinzas e cilício; choremos, jejuando em face do Senhor: pois cheio de bondade é nosso Deus, capaz de perdoar nossos pecados (Jl 2,13).

- Entre o pórtico e o altar, chorando dirão os sacerdotes, ministros do Senhor: Poupai, Senhor nosso Deus, poupai o vosso povo e não fecheis, Senhor, os lábios que vos louvam (cf. Jl 2,17; Est 13,17).

- Apagai, Senhor, o meu pecado (cf. Sl 51[50],3).

Ou, ainda, o responsório tirado do profeta Baruc (3,2): "Pecamos, Senhor, porque nos esquecemos de vós. Voltemo-nos logo para o bem, sem esperar que a morte chegue e que já não haja tempo. Ouvi-nos, Senhor, tende piedade, porque pecamos contra vós. Ajudai-nos, ó Deus salvador, pela glória do vosso nome libertai-nos".

Poder-se-á cantar, também, um outro canto apropriado.

Durante a imposição das cinzas o sacerdote deverá dizer:

1. Convertei-vos e crede no Evangelho (cf. Mc 1,15); ou

2. Lembra-te que és pó, e ao pó hás de voltar (cf. Gn 3,19).

Após a imposição das cinzas, prossegue-se a celebração com as orações dos fiéis e apresentação das ofertas.

A oração sobre as ofertas pede a graça para dominarmos os nossos maus desejos pelas obras da penitência e da caridade para celebrarmos com fervor a Paixão de Jesus.

A antífona de comunhão apela para o dia e a noite, portanto para que em todas as horas de nossa vida possamos meditar a lei do Senhor, a fim de produzirmos frutos no devido tempo.

A oração depois da comunhão pede que o sacramento recebido possa nos ajudar, a fim de que o jejum feito neste dia possa servir de remédio para nossa fraqueza.

Os cânticos próprios para a Quarta-feira de Cinzas poderão ser escolhidos do *Hinário litúrgico* da CNBB (1987), podendo ser o canto final o da Campanha da Fraternidade do ano em curso.

E, ao falar da Campanha da Fraternidade, vale a pena lembrar que, aqui no Brasil, ela acontece durante o período quaresmal. Tal Campanha aparece como forma de despertar a Igreja em nosso país para a reflexão e ação diante de problemáticas enfrentadas pela sociedade e que, de certo modo, não condizem com o ensinamento do Evangelho. Tais temas relacionam-se com a pessoa humana (presos, portadores de necessidades especiais, discriminados) e os mais genéricos, que se ligam ao trabalho, à vida, à ecologia etc.

Infelizmente, observa-se que a Campanha da Fraternidade não tem a ressonância que deveria ter, ou seja, durante o Tempo da Quaresma são feitos estudos do texto-base, encenações, gestos concretos, mas, ao terminar esse período, tudo é esquecido e fica como está. Um grande questionamento seria esse: o que fazer para que as ações da campanha continuem até a Quaresma seguinte? Deixamos essa resposta para os nossos leitores, que, com certeza, chegarão a grandes conclusões em suas paróquias e em seus grupos de pastorais.

Por outro lado, cremos, ainda, que surge outra problemática, ou seja, o cuidado que devemos ter para que a Campanha da Fraternidade não sufoque a temática quaresmal da penitência, conversão, preparação para o Batismo e sua renovação. Portanto, cabe aos sacerdotes conduzir suas homilias e tentar a junção das duas temáticas, mostrando que a Campanha é para favorecer o espírito de caridade e o respeito para com o próximo, orientando, também, as relações sociais para o altruísmo, tendo em vista a conversão do coração.

Após termos refletido sobre o dia que abre para nós o sagrado tempo quaresmal e a Campanha da Fraternidade, passaremos à meditação dos Domingos, começando pelo Ano A.

1.2. Uma Quaresma Batismal

O ciclo de leituras do Ano A propõe uma Quaresma catequética que tem a finalidade de preparar os catecúmenos para o Batismo, como nos primórdios, e, também, levar-nos a renovar, na noite pascal, as nossas promessas batismais. Por isso esse ciclo de leituras poderá ser tomado todos os anos, sobretudo se houver catecúmenos para se tornarem cristãos na Vigília Pascal.

Apresentaremos o Primeiro e o Segundo Domingo da Quaresma aglutinados por terem a mesma temática independente do ciclo, variando apenas a narrativa com relação aos evangelistas (Mateus, Marcos ou Lucas). Assim, no Primeiro teremos as *tentações* de Jesus, símbolo da cruz que nós também temos de assumir, e, no Segundo, o episódio da Transfiguração do Senhor, lembrando-nos de que depois da cruz sempre se chegará à ressurreição gloriosa. Nos outros Domingos os temas variam conforme os ciclos de leituras, como veremos mais adiante.

Todos os Domingos da Quaresma, independente do ciclo de leituras, apresentam a mesma antífona de entrada e de comunhão, como também as mesmas orações – do dia, sobre as ofertas e depois da comunhão –, sendo que a partir do Terceiro Domingo a antífona de comunhão aparece com uma outra opção para o caso de não serem feitas as leituras do Ano A. A variação ocorre, sempre, nas lições, portanto, no Lecionário.

O Primeiro Domingo traz a seguinte antífona de entrada: "Quando meu servo chamar, hei de atendê-lo, estarei com ele na tribulação. Hei de livrá-lo e glorificá-lo e lhe darei longos dias" (cf. Sl 91[90],15-16). Temos duas antífonas de comunhão para escolha que apresentam o seguinte texto: 1. "Não só de pão vive o homem, mas de toda palavra que sai da boca de Deus" (cf. Mt 4,4); 2. "Ele te cobrirá com sua sombra, encontrarás abrigo em suas asas" (cf. Sl 91[90],4). Como se vê, temos o Sl 91(90) citado duas vezes por evocar a confiança em Deus, pois nos dá a certeza de ele vir em nosso socorro. A primeira antífona de comunhão faz alusão ao Evangelho deste dia, que, como já foi dito, é sempre o das *tentações* de Jesus no deserto.

A *oração do dia* para esse Domingo apresenta o seguinte texto:

> Concedei-nos, ó Deus onipotente, que, ao longo desta Quaresma, possamos progredir no conhecimento de Jesus Cristo e corresponder ao seu amor por uma vida santa.

Como vemos, o texto é direto e claro, roga a Deus, logo no início da Quaresma, que possamos conhecer, cada vez mais, a Jesus Cristo, a fim de sermos santos.

A oração sobre as oferendas faz alusão ao início da caminhada para a Páscoa e a da comunhão traz uma das respostas de Jesus ao demônio tentador: "[...] e viver de toda palavra que sai da boca de Deus".

O Segundo Domingo traz duas opções para antífona de entrada, uma do Sl 26 e outra do Sl 24, pedindo a Deus que mostre a sua face e a libertação de toda angústia. A de comunhão provém do episódio da Transfiguração do Senhor (Evangelho do dia), ou seja, a palavra do Pai revelando Jesus Cristo: "Este é o meu filho amado, nele está meu pleno agrado: escutai-o!" (Mt 17,5).

A *oração do dia* também faz alusão ao Evangelho:

Ó Deus, que nos mandaste ouvir o vosso Filho amado, alimentai nosso espírito com a vossa palavra, para que, purificado o olhar de nossa fé, nos alegremos com a visão da vossa glória.

Devemos, portanto, ouvir a voz do Filho, que é o Caminho seguro para o Pai. Aliás, ele é o seu próprio revelador. Quem o contempla vê o Pai. A Quaresma mostra-nos que devemos seguir os seus preceitos para com ele ressurgir.

As orações sobre as ofertas e depois da comunhão pedem que sejamos purificados para celebrar a Páscoa e dar graças ao Senhor de nos fazer, já na terra, participantes das coisas do céu.

Refletiremos, agora separadamente, os demais Domingos, no que concerne às eucologias (orações), visto possuírem temáticas diferentes para todos os ciclos. Assim, teremos:

Terceiro Domingo da Quaresma

A oração do dia é a seguinte:

Ó Deus, fonte de toda misericórdia e de toda bondade, vós nos indicastes o jejum, a esmola e a oração como remédio contra o pecado. Acolhei esta confissão da nossa fraqueza para que, humilhados pela consciência de nossas faltas, sejamos confortados pela vossa misericórdia.

Vejamos que é retomado o tema da penitência e daquele programa inicial proposto por Jesus no Evangelho da Quarta-feira de Cinzas: o jejum, a esmola (caridade fraterna) e a oração são remédios contra o pecado, portanto podem curar. Traz duas vezes o vocábulo "misericórdia", mostrando que Deus sempre se compadece do pecador arrependido e que faz penitência humilhado-se diante dele.

A oração sobre as ofertas trata do perdão dos pecados. Se Deus nos perdoa, também nós devemos perdoar o irmão. A que vem depois da comunhão possui tema genérico.

Quarto Domingo da Quaresma

Este Domingo apresenta apenas uma única antífona de entrada e é esta que dá o nome ao Domingo: *de LAETARE*, ou seja, da ALEGRIA, porque ela inicia com tal vocábulo e é retirada do profeta Isaías (cf. 66,10-11): "ALEGRA-TE, Jerusalém! Reuni-vos, vós todos que a amais; vós que estais tristes, exultai de alegria! Saciai-nos com a abundância de suas consolações".

Este dia é ainda chamado de Domingo da rosa, por se permitir uma discreta decoração com flores em cima do altar, visto que nesse tempo não há decoração no presbitério. Pode-se, ainda, tocar o órgão e o celebrante usar a cor rósea. A Igreja deseja que no meio da Quaresma seus filhos já contemplem e se alegrem com o Mistério Pascal de Cristo que se aproxima. É por isso que a *oração do dia* alude a essa temática:

Ó Deus, que por vosso Filho realizai de modo admirável a reconciliação do gênero humano, concedei ao povo cristão correr ao encontro das festas que se aproximam, cheio de fervor e exultando de fé.

Como se vê, a temática da oração acima é bem diferente daquelas penitenciais e de confiança que se vem fazendo. Ela já anuncia com toda certeza as festas que se aproximam. Tais celebrações nos reconciliam com Deus e por isso exultamos na fé.

A oração sobre as oferendas pede que possamos oferecer pela redenção do mundo os dons que nos salvam, os quais apresentamos com *alegria*. A que vem depois da comunhão, por trazer o tema da luz, liga-se ao Evangelho deste Domingo (Ano B), em que Jesus, no seu diálogo com Nicodemos, diz que ele próprio é a LUZ: "Ora o julgamento consiste nisto: a luz veio ao mundo, mas as pessoas amaram mais as trevas do que a luz, [...]" (Jo 3,19a).

Quinto Domingo da Quaresma

Neste Domingo, a *oração do dia* já traz, claramente, o tema da morte de Jesus e de seu serviço de caridade para como o mundo. Vejamos:

> Senhor nosso Deus, dai-nos por vossa graça caminhar com alegria na mesma caridade que levou o vosso Filho a entregar-se à morte no seu amor pelo mundo.

O teor da oração é singelo, mas profundo. Somente a graça de Deus pode impulsionar-nos para as coisas nobres. Sem ela, como poderemos assemelhar-nos à caridade de Cristo? Que possamos ser capazes de nos doar aos outros para imitar o caminho seguido pelo nosso Redentor!

A oração sobre as oferendas pede a Deus que nos purifique através do sacrifício que está sendo oferecido. A de comunhão também faz um pedido para que possamos ser contados entre os membros de Cristo, cujo Corpo e Sangue comungamos.

As lições do Terceiro, Quarto e Quinto Domingo da Quaresma – Ano A

Chamamos de Quaresma Batismal o ciclo de leituras do Ano A, por conta da escolha dos Evangelhos. Essa teologia é vista, sobretudo, no Terceiro, Quarto e Quinto Domingo, já que os dois primeiros têm o mesmo temário, independente do ciclo.

Assim, no Terceiro Domingo da Quaresma (A), a primeira leitura é tirada do Livro do Êxodo (17,3-7), dentro do contexto da Páscoa judaica: da libertação do êxodo através do deserto, o Senhor sacia o povo com água que faz jorrar do rochedo. A água, que é símbolo da vida nova que brota do Batismo. Essa leitura está em conexão com o Evangelho, que traz a cena de Jesus conversando com a excluída samaritana e oferece-lhe uma água viva, para que todos aqueles que dela beberem não tenham mais sede. O Salmo Responsorial é o 95(94), que faz alusão ao acontecimento da primeira leitura, sobretudo nos versículos 8-9: "Quem dera que hoje ouvísseis sua voz: 'Não endureçais os corações, como em Meriba, como no dia de Massa no deserto, onde vossos pais me tentaram, me provaram, apesar de terem visto minhas obras'".

Na segunda leitura, aparece o texto de São Paulo aos Romanos (no capítulo 5) tratando do amor de Deus que foi derramado em nossos corações pelo Espírito Santo, que habita em nós. A água que Jesus nos quer dar é também o seu Espírito. Na Missa da Vigília de Pentecostes, temos, justamente, o Evangelho que faz essa menção (Jo 7,37-39):

> No último e mais importante dia da festa, Jesus, de pé, exclamou: "Se alguém tem sede, venha a mim, e beba quem crê em mim" – conforme diz a Escritura: "Do seu interior correrão rios de água viva". Ele disse isso falando do Espírito que haviam de receber os que acreditassem nele; pois não havia ainda o Espírito, porque Jesus ainda não fora glorificado.

Vejamos, agora, o que nos diz o Evangelho do Domingo que trata do encontro da samaritana com o Senhor diante do poço de Jacó (Jo 4,5-42). Jesus estava, em plena onipotência do dia e na hora do maior calor, diante da água. Esse elemento da natureza sempre esteve ligado às teofanias bíblicas. Já no Antigo Testamento vemos que o Espírito do Senhor pairava sobre as águas no momento da criação. Moisés fez brotar a água do rochedo para saciar a sede de seu povo. O Sl 42(41) nos diz que a nossa alma tem sede de Deus e ele nos dará a água da vida. O profeta Ezequiel contemplou o rio de água viva que brotava do lado direito do templo, essa água tem o poder de curar as enfermidades. No Novo Testamento, Jesus se apresenta como o novo Templo, ele próprio afirma que, se o seu templo for destruído, o reconstituirá em três dias, e São João explica que falava do templo de seu corpo. Na cruz, do seu lado aberto pela lança jorraram sangue e água, símbolo da Eucaristia e do Batismo, sacramentos que fazem a Igreja. Diante desse cenário, Jesus faz uma verdadeira catequese batismal com a samaritana. Diz para ela que ele mesmo lhe dará a água viva; fala de seu passado pecaminoso; leva-a ao exame de consciência e à conversão. No final do diálogo, a mulher da Samaria, excluída pela sociedade de então, pede que o Mestre lhe dê daquela água a fim de que não precisasse mais ir ao poço buscar água.

Esse Evangelho liga-se, diretamente, ao Batismo, tema da Quaresma e que é um dos núcleos da Vigília Pascal, que por si só, desde os primórdios, é uma noite batismal, em que a Igreja, celebrando a gloriosa ressurreição do seu Senhor, recebe com alegria os seus novos membros.

Já no Quarto Domingo o tema é a luz. A primeira leitura (1Sm 16) narra a unção de Davi como rei de Israel. Interessante observar a simbologia do óleo. Foi com esse elemento da natureza que o Espírito do Senhor se apoderou de Davi. Também no Batismo e na Crisma somos ungidos com óleo a fim de termos forças para combater o pecado e receber uma unção interior no Espírito Santo. O Sl 23(22), intimamente ligado à leitura, sobretudo no versículo 5b: "[...] unges com óleo minha cabeça, meu cálice transborda". A Carta aos Efésios (5,8-14), na segunda lição, pede para não nos associarmos às obras das trevas, pois serão manifestadas na luz. Devemos, pois, levantar-nos dentre os mortos e Cristo resplandecerá. Essa leitura relaciona-se com o Evangelho de hoje, do cego de nascença, no que concerne ao paradoxo luz e trevas. O cego estava nas trevas. Após a unção feita por Jesus com a sua saliva misturada com o pó da terra, o cego passou a enxergar, portanto ficou na luz. Jesus é a luz que não se apaga, o sol que não tem ocaso!

O Quinto Domingo da Quaresma (A) apresenta, na primeira lição, o texto do profeta Ezequiel (37,12-14), em que Deus se mostra como aquele que dá a vida, abrindo as sepulturas e infundindo o seu espírito em tudo aquilo que não tem vida, para que vivam. Essa leitura está em conexão com o episódio da ressurreição de Lázaro, no Evangelho de hoje. Jesus, o próprio Deus encarnado, também abre a sepultura de Lázaro e restitui-lhe a vida, figura da sua Ressurreição na manhã de Páscoa. Na segunda leitura, São Paulo, escrevendo aos Romanos (8,11), apresenta-

-nos essa mesma temática: "E, se o Espírito daquele que ressuscitou Cristo dentre os mortos habita em vós, aquele que ressuscitou Cristo dentre os mortos vivificará também vossos corpos mortais, pelo seu Espírito que habita em vós".

Como vemos, é por causa dessa temática dos Domingos do Ano A que chamamos esse ciclo de leitura de Quaresma Batismal, pois se trata de uma catequese para aqueles que se preparam ao Batismo na noite pascal, como também para os fiéis que irão renová-lo. Os temas estão bem evidentes: ÁGUA (Samaritana), LUZ (cego de nascença) e RESSURREIÇÃO (ressurreição de Lázaro). Realidades essas que serão celebradas na liturgia da Vigília Pascal: a luz de Cristo que rompe as trevas representadas pelo fogo e o Círio, a água com que nos lavamos no Batismo ou na sua renovação e a própria ressurreição de Jesus Cristo.

1.3. Uma Quaresma Cristológica

As lições do Terceiro, Quarto e Quinto
Domingo da Quaresma – Ano B

Daremos início às nossas reflexões do temário da Quaresma Cristológica também a partir do Terceiro Domingo (B), visto que, como já dissemos, o Primeiro e o Segundo Domingo dos três ciclos de leituras trazem os mesmos temas: *tentação* de Jesus e sua Transfiguração.

Este Domingo traz como primeira leitura o texto do Livro do Êxodo (20,1-17), que nos apresenta o Código da Aliança, ou seja, os Dez Mandamentos. Por isso mesmo, o seu Salmo Responsorial é o 19(18), por fazer alusão às ordens do Senhor, que são justas e alegram o coração. Trata ainda dos mandamentos do Senhor, que são retos e iluminam os olhos. Na segunda leitura, de Paulo aos Coríntios, vemos o Apóstolo dos Gentios pregando Cristo crucificado, escândalo para os judeus, insensatez para os pagãos, mas, para nós, poder e sabedoria de Deus. Na cena do Evangelho, vemos Jesus expulsando os vendilhões do templo, que estavam fazendo da casa do Pai um lugar de comércio e de injustiça social, pois as pombas que estavam sendo comercializadas eram a matéria do sacrifício que os pobres ofereciam. Jesus, aqui, apresenta-se como o verdadeiro templo que será reerguido em três dias.

No Quarto Domingo (B), encontramos a cidade de Jerusalém (no monte Sião) como centro de convergência. A cidade amada, local de manifestação e morada do grande rei, é sitiada e destruída por conta da infidelidade do povo. Os que ficaram vivos foram ser escravos na Babilônia, mas, depois de setenta anos, Deus se compadece do seu povo e suscita Ciro, rei da Pérsia, para reconduzi-lo à Cidade Santa. Esse é o tema da primeira leitura: o exílio na Babilônia, encabeçado por Nabucodonosor, e seu término através da misericórdia de Ciro. É claro que o salmo que mais se aplica para responder a essa lição é o 137(136), que trata da temática. O versículo 6, que também é a antífona para este dia, nos diz: "[...] minha língua fique colada ao paladar, se eu perder tua lembrança, se eu não puser Jerusalém acima de qualquer outra alegria".

Tal salmo evoca a situação de sofrimento e saudade que viveu o Povo de Deus durante o exílio, não podendo entoar cânticos de júbilo no cativeiro. No entanto, há uma perspectiva de volta e por isso devem alegrar-se. Depois da cruz, a ressurreição. Em Jerusalém voltariam a cantar! E como cantaram: "Quando o Senhor trouxe de volta os exilados de Sião, pensamos que era um sonho. Então nossa boca transbordava de sorrisos e nossa língua cantava de alegria. [...]

Na segunda leitura deste Domingo, São Paulo, escrevendo aos efésios, mostra que Deus é rico em misericórdia, deu-nos a vida pelo próprio Cristo. Fomos salvos, portanto, pela graça, mediante a fé, por isso não devemos nos orgulhar de nossas obras, mas atribuir à grande obra de Deus o nosso resgate.

O Evangelho apresenta Jesus diante de Nicodemos (Jo 3,14-21), evangelizando-o. Primeiramente, anuncia que Jesus deverá ser levantado da terra assim como Moisés no deserto elevou a serpente numa haste para que todos aqueles que fossem mordidos pelas cobras, ao olhar para a haste, ficassem curados. Nossa árvore é a cruz, olhando para ela com fé e piedade curamo-nos da ferida do pecado. Jesus anuncia, também, que veio para salvar e não condenar. Ele é a Luz, mas, infelizmente, muitos preferiram, e ainda preferem, as trevas. As três lições deste dia são permeadas do tema da *misericórdia* de Deus: ao reconduzir o seu povo para a Terra Prometida; é rico em misericórdia porque deu-nos a vida em Jesus Cristo; não poupando o seu Filho Unigênito, entregou-o por nós.

As lições do Quinto Domingo (B) trazem, em primeiro lugar, o profeta Jeremias anunciando que Deus concluirá com seu povo uma nova aliança, não como aquela que fez no tempo da libertação, do êxodo, mas definitiva. Ele imprimirá sua Lei em nossas entranhas, escrevendo-a em cada coração humano. Deus será reconhecido como aquele que perdoa os pecados e nós, como seu povo eleito. O Sl 51(50), que responde a essa leitura, traz como antífona um de seus versículos que se relaciona a ela: "Cria em mim, ó Deus, um coração puro" (v. 12a). É claro que, para termos em nosso coração a Lei do Senhor, faz-se necessário que ele esteja puro.

A segunda leitura vem da Carta aos Hebreus (5,7-9) e acentua o sacerdócio de Jesus Cristo, que, durante a sua vida terrestre, dirigiu ao Pai preces e súplicas com clamor e lágrimas. E foi atendido porque se entregou, na sua obediência, a Deus, tornando-se causa de salvação eterna para todos aqueles que lhe obedecem.

No Evangelho de João (12,20-33), Jesus trata de sua *hora,* que se está aproximando, tomando a figura do *grão de trigo*, que é "sepultado" na terra para que "ressurja" e dê frutos. Traz, também, o tema do julgamento do mundo, e o versículo central que anuncia o seu Mistério Pascal: "[...] e quando eu for levantado da terra, atrairei todos a mim" (v. 32). Encontramos nessa perícope de hoje a presença dos gregos que vieram adorar em Jerusalém querendo ver Jesus e sendo conduzidos por Filipe e André. É nesse contexto que o Mestre diz que chegou a *hora* em que o Filho do Homem será glorificado. Após a comparação da sua Morte e Ressurreição com a semente de trigo "sepultada" na terra, também trata do serviço. Aquele que deseja segui-lo deverá, como ele, ser o servo. A humildade nos eleva, assemelhando-nos a Jesus e à sua Mãe.

Chamamos esse bloco do Lecionário de Quaresma Cristológica, sobretudo por conta dos Evangelhos escolhidos para estes três últimos Domingos, os quais apresentam Jesus Cristo como TEMPLO, LUZ e GRÃO DE TRIGO. É importante ressaltar, aqui, o tema da HORA de

Jesus. É tendo certeza da proximidade dessa hora que ele relaciona consigo a metáfora do grão de trigo.

Refletiremos, agora, os motivos que levaram a teologia litúrgica a chamar este último ciclo de leituras do Tempo da Quaresma (C) de Penitencial.

1.4. Uma Quaresma Penitencial

> *As lições do Terceiro, Quarto e Quinto*
> *Domingo da Quaresma – Ano C*

Usando o mesmo esquema anterior, vamos apresentar a teologia da Quaresma Penitencial a partir das lições dos três últimos Domingos do Ano C. No Terceiro Domingo, deparamo-nos, na primeira leitura, com o trecho de Ex 3, ou seja, o episódio da manifestação de Deus a Moisés no monte Horeb enquanto ele apascentava o rebanho de Jetro, seu sogro. Deus é o EU SOU e desceu a Moisés com a finalidade de libertar seu povo, cativo no Egito. Moisés, portanto, foi escolhido para conduzir o povo de volta para a terra prometida aos seus antepassados: Abraão, Isaac e Jacó. O seu Nome será lembrado de geração em geração. O Salmo Responsorial 102 mostra a bondade e a misericórdia do Senhor, que sempre favorece o seu povo e, por isso mesmo, não deverá ser esquecido. A carta de Paulo aos Coríntios evoca o acontecimento do êxodo: "Os nossos pais estiveram todos debaixo da nuvem e todos passaram pelo mar; na nuvem e no mar, todos foram batizados em Moisés; todos comeram do mesmo alimento espiritual e todos beberam da mesma bebida espiritual; [...]" (1Cor 10,1b-4). A água que brota do rochedo é figura de Cristo. Esse povo desagradou a Deus pelo mal da murmuração, por isso o apóstolo pede para que não murmuremos a fim de não morrermos, como aconteceu no passado, sob a mão do anjo exterminador.

No Evangelho de Lucas (13,1-9), encontramos Jesus chamando-nos à conversão. Devemos, sempre, reconhecer-nos pecadores, pois com essa atitude estamos em humilhação diante de Deus, e ele se compadecerá de nós. Depois de apelar duas vezes para a conversão, o Mestre conta a parábola da figueira que era infrutífera, querendo cortá-la para não contaminar o restante do terreno, mas o vinhateiro pede um tempo para preparar a figueira (cavar em volta dela, colocar adubo), porém, caso não dê fruto, corta-la-á. Esse tempo nos é dado como uma trégua para emendar-nos dos nossos vícios e chegarmos a uma conversão autêntica.

No Quarto Domingo (C), a leitura do Livro de Josué mostra o Povo de Deus, no acampamento de Guilgal, na planície de Jericó, celebrando a Páscoa depois de entrar na Terra Prometida. No dia seguinte, já comeram dos produtos da terra de Canaã e o maná cessou de cair. O Sl 34(33), como resposta à leitura, atualiza os feitos do Senhor que sempre nos escuta: "Busquei o SENHOR e ele respondeu-me e de todo temor me livrou. [...] Este pobre pediu socorro e o SENHOR o ouviu, livrou--o de suas angústias todas" (v. 5.7). A Segunda Carta de São Paulo aos Coríntios suplica para que nos deixemos reconciliar com Deus, a fim de que permaneçamos em Cristo e nos tornemos criaturas novas, pois o que é antigo desapareceu.

Na perícope evangélica, temos a parábola do filho pródigo. Ousaria dizer: do pai pródigo, pois foi este que usou de benevolência para com o filho arrependido de suas falhas. Jesus contou essa parábola justamente para os fariseus e mestres da Lei que o criticavam porque acolhia os pecadores – como se eles, também, não fossem! O filho mais novo, depois de ter cometido o pecado, *caiu em si* (converteu-se) e pensou no pai e em seus empregados, que não passavam as privações que ora estava sofrendo. Prepara um pequeno discurso para o pai, que nem chega a ser pronunciado, e retorna. O pai já o espera no caminho, abraça-o e lhe restitui a dignidade filial com uma festa: põe-lhe o anel no dedo, a túnica e as sandálias nos pés. O filho mais velho fica enciumado e não entra para a festa. Interessante ouvir como o pai dirige-se a ele: "Filho, tu estás sempre comigo, e tudo o que é meu é teu. Mas era preciso festejar e alegrar-nos, porque este teu irmão estava morto e tornou a viver, estava perdido e foi encontrado" (Lc 15,31-32). Diante desse ensinamento, poderemos ter três posturas: a do filho que se arrepende, volta e é recebido com festa; a do pai que sempre acolhe e perdoa; ou, infelizmente, a do filho mais velho, que, cheio de inveja, rejeita o seu irmão. O Evangelho não nos diz se ele entrou para a festa. Será que entrou? O canto para a apresentação das ofertas da *Missa do Coração de Jesus*, de Valdeci Farias, nos traz a seguinte letra, que ilustra a nossa meditação deste Evangelho:

Muito alegre eu te pedi o que era meu,
partir um sonho tão normal.
Dissipei meus bens e o coração também,
no fim meu mundo era irreal.

Confiei no teu amor e voltei,
sim aqui é meu lugar,
Eu gastei teus bens, ó pai, e te dou,
Esse pranto em minhas mãos. (Refrão)

Nem deixaste-me falar da ingratidão
Morreu no abraço o mal que eu fiz.
Festa, roupa nova, anel, sandália aos pés
Voltei à vida, sou feliz.

No Quinto Domingo (C), o profeta Isaías inicia o seu texto evocando Deus, que abriu um caminho no mar para que seu povo pudesse passar, arrasando as tropas do faraó: seus cavalos e cavaleiros. Esses acontecimentos antigos são do passado e ele, agora, propõe realidades novas abrindo estradas no deserto e fazendo correr água em terra seca. Tudo isso Deus oferece ao seu povo, que deverá sempre cantar os seus louvores. O Sl 126(125) aplica-se muito bem ao texto lido: sua antífona, o versículo 3, faz alusão aos prodígios que Deus realiza em favor daqueles(as) que lhe permanecem fiéis: "Maravilhas o Senhor fez por nós, encheu-nos de alegria".

A Carta de São Paulo aos Filipenses, na segunda leitura, apresenta o seu belo testemunho. Perdeu tudo por causa de Cristo, experimentou a força de sua ressurreição porque comungou dos seus sofrimentos, correu para alcançar a meta que é permanecer nele.

A marcante página do Evangelho traz o episódio do perdão concedido por Jesus à mulher adúltera. É interessante localizar a cena. Jesus tinha passado a noite no monte das Oliveiras e, ainda de madrugada, volta ao templo para ensinar. É nesse contexto que os fariseus chegam com a mulher adúltera e põem Jesus à prova: "Moisés, na Lei, mandou apedrejar tais mulheres. E tu, que dizes? [...] 'Quem dentre vós não tiver pecado, atire a primeira pedra!'" (Jo 8,5.7b). Ninguém a condenou, assim também como Jesus, que veio não para condenar, mas para salvar. Pede, apenas, que não volte a pecar, ou seja, que se converta.

Dizemos ser esse ciclo de lições uma Quaresma Penitencial porque os Evangelhos escolhidos para os três últimos Domingos (Ano C) apontam para o tema da conversão, que exige de nós uma penitência de retorno ao Pai. Assim, cada um desses Domingos apresenta uma temática que podemos resumir em três expressões respectivamente: conversão, volta ao Pai e perdão.

Como vemos, a partir da temática quaresmal para cada ciclo anual – Quaresma Batismal (Ano A), Quaresma Cristológica (Ano B) e Quaresma Penitencial (Ano C) –, tal tempo litúrgico, desde os seus primórdios, é uma caminhada progressiva de conversão para a celebração da Páscoa, momento esse em que os catecúmenos adultos professam a fé e recebem o sacramento do Batismo.

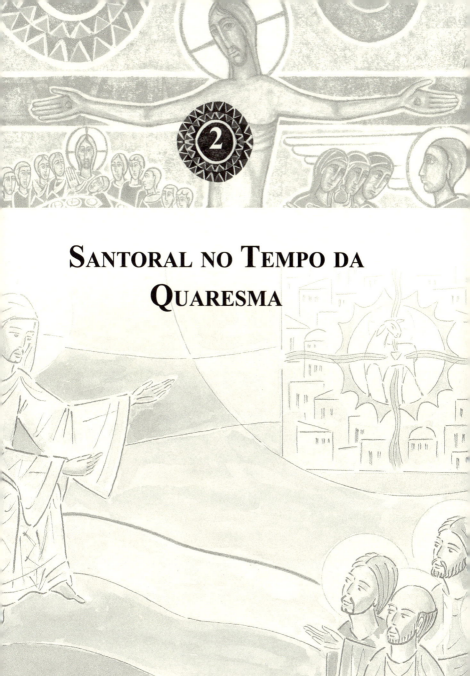

SANTORAL NO TEMPO DA QUARESMA

No Tempo da Quaresma, todas as memórias do Santoral tornam--se facultativas, a não ser aquelas que estão intimamente ligadas aos lugares, como os padroeiros, ou às pessoas, os patronos e fundadores de comunidades religiosas, que neste caso passam a ser celebradas como solenidades. Universalmente, neste tempo litúrgico destacamos duas solenidades: a de São José e a Anunciação do Senhor, que, como já dissemos anteriormente, são antecipadas para o sábado se caírem em Domingo da Quaresma ou adiadas para a segunda-feira depois da Oitava de Páscoa se acontecerem na Semana Santa. Iremos refletir neste capítulo essas duas solenidades no que diz respeito à Missa e à celebração de *Liturgia das Horas*. Vale relembrar que, por serem uma solenidade, permite-se decoração no altar, canta-se o hino de louvor ("Glória a Deus nas alturas"), diz-se o "Creio" (profissão de fé) e fazem-se as preces comunitárias. As cores litúrgicas são o branco, o prata ou o dourado.

O *Missal* diz:

São José legou a Jesus a descendência de Davi... Esta função de José é posta em particular relevo pela dupla genealogia de Jesus que os evangelistas nos deixaram (Mt 1,1-7; Lc 3,23-38). Além disso, José, o patriarca que realiza o tema bíblico dos "sonhos" (Mt 1,20-24; 2,13-19), com os quais Deus frequentemente comunicou aos homens as suas intenções. Como João Batista é o último dos profetas, porque aponta (Jo 1,29) aquele que as profecias anunciaram, José é o último patriarca bíblico, que recebeu o dom dos "sonhos" (Gn 28,10-20; 37,6-11). Essa semelhança com os antigos patriarcas manifesta-se, ainda mais claramente, no relato da fuga para o Egito, com a qual José refaz a viagem do antigo José, a fim de que se cumpra nele e em Jesus, seu filho, o novo Êxodo (Mt 2,13-23; Os 11,1; Gn 37; 50,22-26).

Como vemos, São José foi o escolhido por Deus para ser o chefe da Sagrada Família de Nazaré. As primícias da Igreja foram a ele confiadas, por isso é o universal Padroeiro da Igreja, fechando o ciclo dos patriarcas do Antigo Testamento. A antífona de entrada para a *celebração eucarística* traz o seguinte texto: "Eis o servo fiel e prudente, a quem o Senhor confiou sua casa".

A *oração do dia* pede que as preces de São José levem a Igreja à plenitude dos mistérios da salvação que estiveram aos seus cuidados. A primeira leitura (2Sm 7,4-5a.12-14a.16) trata da palavra do Senhor dirigida ao profeta Natã sobre o rei Davi. De sua descendência é que virá aquele que estabilizará a casa de Davi para sempre. José é descende de Davi e, portanto, Jesus Cristo tem uma descendência real dada por seu pai adotivo. Com essa teologia temos a antífona do Salmo Responsorial 89(88), que nos versículos 4 e 5 traz o texto da profecia de Natã: "Fiz uma aliança com meu eleito; jurei a Davi, meu servo: Estabeleço tua dinastia para sempre, firmo teu trono para todas as idades". Na segunda leitura, Paulo, escrevendo aos Romanos, trata da constância da fé de Abraão. É pela fé que São José, como nós, tornou-se herdeiro da graça. Pela fé Abraão é o pai de muitos povos, como José foi o pai de Jesus.

A liturgia apresenta dois textos a serem escolhidos para o Evangelho. O primeiro inicia-se com o versículo 16 de Mt 1: "Jacó gerou José, o esposo de Maria, da qual nasceu Jesus, que é chamado o Cristo". E continua com a narrativa da concepção de Maria pela ação do Espírito Santo e do sonho de José para não abandonar a Virgem, já que estava gerando o Filho de Deus. José obedeceu na fé. Ao começar a narrativa mencionando que José é filho de Jacó, a liturgia deseja acentuar a descendência real de Jesus garantida pelo "pai". A segunda opção é a narrativa de Lc 2,41-51, que mostra a cena de Jesus perdido de seus pais no templo, durante a festa da Páscoa. Seus pais o encontraram ensinando aos mestres e todos estavam maravilhados com o seu ensinamento. Interessante a palavra da Virgem Maria no v.48b: "Filho, por que agiste assim conosco? Olha, *teu pai* e eu estávamos, angustiados, à tua procura". E ainda é digno de nota o versículo 51: "Jesus desceu, então, com seus pais para Nazaré, e era obediente a eles."

A oração sobre as oferendas apresenta São José, que se consagrou ao serviço de Jesus, e pede que nós possamos, também, servir de coração puro aos mistérios do altar de Deus. A que vem depois da comunhão pede a Deus que nos proteja sem cessar, guardando em nós os seus dons.

Quanto à celebração da *Liturgia das Horas*, por ser uma solenidade, inicia-se com as Primeiras Vésperas, que trazem no hino apropriado um verdadeiro poema mostrando a relação familiar: a Virgem Maria, José e o Filho de Deus. Vejamos na Liturgia das Horas para o dia de São José:

Celebre a José a corte celeste,
Prossiga o louvor o povo cristão:
Só ele merece à Virgem se unir
Em casta união.

Ao ver sua esposa em Mãe transformar-se,
José quer deixar Maria em segredo.
Um anjo aparece: "É obra de Deus!"
Afasta-lhe o medo.

Nascido o Senhor, nos braços o estreitas.
A ti tem por guia, a Herodes fugindo.
Perdido no Templo és tu que o encontras,
Chorando e sorrindo.

Convívio divino a outros, somente
Após dura morte é dado gozar.
Mas tu, já em vida, abraças a Deus,
E o tens no teu lar!

Ó dai-nos, Trindade, o que hoje pedimos:
Um dia no céu, cantarmos também
O canto que canta o esposo da Virgem
Sem mácula. Amém.

As antífonas para os salmos em todas as horas canônicas mostram São José sempre presente e atuante em sua família: Jesus e Maria. Enfatizam, ainda, seu casamento com a Virgem; sua descendência de Davi, através de Jacó, seu pai; a fuga para o Egito; a obediência que o Filho de Deus lhe tributava; sua admiração diante das palavras de Simeão no Templo de Jerusalém. Os responsos breves atribuem-lhe o adjetivo JUSTO. E a antífona para o Cântico Evangélico das Primeiras Vésperas o chama de servo fiel e prudente a quem Deus confiou sua família.

A solenidade da Anunciação do Senhor foi colocada no dia 25 de março, a fim de ressaltar os nove meses necessários para a gestação de uma criança. Assim, está em íntima relação com a celebração do Natal em 25 de dezembro, nove meses depois de sua anunciação feita pelo Anjo à Virgem Maria. Nesse dia, a prescrição litúrgica diz que se deve ajoelhar durante o canto do "Creio" no momento em que o texto trata da encarnação do Verbo de Deus, ou seja: "Et incarnatus est de Spiritu Sancto, ex Maria Virgine, et homo factus est" ("E se encarnou, pelo Espírito Santo, na Virgem Maria e se fez homem"). O "sim" de Maria realiza definitivamente a aliança. Nela está todo o povo da promessa: o antigo (os hebreus) e o novo (a Igreja).

A antífona de entrada vem da Carta aos Hebreus (10,5.7): "[...], ao entrar no mundo, Cristo declara: [...] Eis que eu vim, ó Deus, para fazer a tua vontade, [...]". A *oração do dia* evoca o mistério celebrado do Verbo de Deus, que assume nossa carne no seio de Maria e pede que participemos da divindade do nosso Redentor, que é verdadeiro Deus e verdadeiro homem.

As leituras desse dia, que é uma solenidade do Senhor, orientam--nos para o Mistério da Páscoa. A primeira, do profeta Isaías, anuncia que o sinal que o Senhor dará para a casa de Davi é justamente a concepção de uma Virgem. Ela que dará à luz um filho, o qual será chamado de Emanuel, que quer dizer "Deus está conosco".

Podemos colocar a antífona do salmo na boca de Jesus: "Eis que venho fazer com prazer, a vossa vontade, Senhor!". Nesse versículo do Sl 40(39) vemos o anúncio do Mistério Pascal, pois a vontade do Pai é que o Filho resgate a humanidade pela cruz. E, na obediência, como um novo Adão, ele realiza essa vontade.

Na segunda leitura (Hb 10,4-10), vemos que os sacrifícios antigos, oblações e holocaustos foram de uma vez por todas substituídos pelo de Cristo, pois ele veio fazer a vontade do Pai, ou seja, dar a sua vida em resgate de muitos.

No Evangelho, encontramos a cena da anunciação (Lc 1,26-38): o Anjo trata Maria por cheia de graça, portanto ela nunca teve pecado. Diz para não temer, pois aquele que irá ser concebido é o Filho de Deus da descendência de Davi. Menciona Isabel, que, mesmo na velhice e sendo estéril, concebeu, e escuta a resposta de Maria, que naquele momento representa toda a humanidade, sendo a nossa porta-voz: "Eis aqui a serva do Senhor! Faça-se em mim segundo a tua palavra" (v. 38). Meditemos, agora, um sermão de São Bernardo, Abade, em louvor da Virgem Mãe, sobre o episódio da Anunciação do Senhor (*Liturgia das Horas*, ofício das leituras):

> Ouviste, ó Virgem, que vais conceber e dar à luz um filho: não de homem – tu ouviste – mas do Espírito Santo. O Anjo espera tua resposta: já é tempo de voltar a Deus que o enviou. Também nós, Senhora, miseravelmente esmagados por uma sentença de condenação, esperamos uma palavra de misericórdia. E eis que te é oferecido o preço de nossa salvação; se consentes, seremos livres. Fomos todos criados no Verbo eterno de Deus, mas caímos na morte; com uma breve resposta tua seremos recriados e novamente chamados à vida. Ó Virgem cheia de bondade, o triste Adão, expulso do paraíso com a sua pobre desobediência, implora a tua resposta; Abraão a implora, Davi a implora. Os outros patriarcas, teus antepassados, que também habitam a região das sombras da morte, suplicam esta resposta. O mundo inteiro a espera, prosternado a teus pés. E não é sem razão, pois de tua palavra depende o alívio dos infelizes, a redenção dos cativos, a libertação dos condenados, a salvação enfim de todos os filhos de Adão, de toda a tua raça. Apressa-te, ó Virgem, em dar a tua resposta; responde sem demora ao Anjo, ou melhor, responde ao Senhor pelo Anjo. Responde uma palavra e acolhe a Palavra; pronuncia a tua palavra e concebe a Palavra de Deus; profere uma palavra passageira e abraça a Palavra eterna. Por que tardas? Por que hesitas? Crê, fala conforme a tua fé e acolhe. Que tua humildade se revista de audácia, tua modéstia de confiança. De nenhum modo convém que tua simplicidade virginal esqueça a prudência. Neste encontro único, porém, Virgem prudente, não temas a presunção. Pois, se tua modéstia no silêncio foi agradável a Deus, mais necessária é agora tua virtude nas palavras. Abre, ó Virgem santa, teu coração à fé, teus lábios ao consentimento, teu seio ao Criador. Eis que o Desejado de todas as nações bate à tua porta. Ah! Se, enquanto tardas, ele passa adiante e começas de novo a procurar com lágrimas aquele que teu coração ama! Levanta-te, corre, abre. Levanta-te pela fé, corre pela entrega a Deus, abre pelo consentimento. "Eis aqui", diz a Virgem, "a serva do Senhor. Faça-se em mim segundo a tua palavra."

Como vemos, a Virgem Maria dá sua resposta em nome de todos os descendentes de Adão. Esse, sim, abriu-nos, novamente, as portas da eternidade. Realmente concebeu e deu à luz aquele que é, ao mesmo tempo, Deus e homem, sendo proclamada bendita entre todas as mulheres da terra. Obrigado, Virgem Mãe, pela tua palavra de aceitação aos desígnios de Deus. Teu "sim" trouxe-nos a verdadeira alegria!

A oração sobre as oferendas pede que o Pai receba as ofertas da Igreja, que comemora a sua origem pela encarnação do Filho de Deus. A que vem depois da comunhão suplica que Deus confirme em nossos corações os mistérios da verdadeira fé ao proclamarmos verdadeiro Deus e verdadeiro homem aquele que nasceu da Virgem e, assim, chegar à felicidade eterna pelo poder da sua ressurreição.

Vale a pena finalizar a nossa reflexão sobre a Missa da solenidade com as palavras do Prefácio para este dia: "A Virgem Maria recebeu com fé o anúncio do anjo; e à sombra do Espírito Santo acolheu com amor, no seio puríssimo, aquele que, para salvar os seres humanos, quis nascer entre eles. Assim cumpriram-se as promessas feitas a Israel, e de modo inefável, realizava-se a esperança das nações".

O hino para as Primeiras Vésperas da *Liturgia das Horas* mostra-nos o cumprimento das profecias: a Virgem concebe pelo Espírito Santo porque acreditou. Traz, ainda, na quarta estrofe, um paralelo entre Jesus e Adão: "O que o velho Adão manchara vem lavar o novo Adão; o que o orgulho destruíra reconstrói pela Paixão". Por ser uma celebração que, teologicamente, relaciona-se com o ciclo do Natal, as antífonas vão todas nessa linha litúrgica. Vejamos as das Primeiras Vésperas:

Antífona 1:

A raiz de Jessé haverá de brotar;
E haverá de surgir uma flor de seu ramo;
Pousará sobre ele o Espírito Santo.

Antífona 2:

O Senhor vai dar-lhe o trono de seu pai, o rei Davi;
E reinará eternamente.

Antífona 3:

Hoje o Verbo divino gerado pelo Pai
Já bem antes dos tempos, humilhou-se a si mesmo
E por nós se fez homem.

A leitura breve das Primeiras e Segundas Vésperas é a mesma, ou seja, 1Jo 1,1-2, afirmando que o que era desde o princípio foi manifestado ao mundo pela experiência da fé: o que vimos e ouvimos. Essa experiência deverá ser anunciada a todos pelo nosso testemunho, para entrarmos em comunhão com Deus e com os irmãos. A das *Laudes* porta o texto de Fl 2,6-7, ou seja, a *kénosis* (o esvaziamento) de Jesus Cristo ao assumir a nossa natureza humana, aceitando o sofrimento. Pela sua obediência, opondo-se a Adão, foi exaltado e tornou-se o Senhor de todo o Universo.

O responso breve das Segundas Vésperas é o mesmo do Natal: "O Verbo se fez carne e habitou entre nós" (Jo 1,18).

No próximo capítulo, trataremos da Semana Santa de Páscoa, refletindo os textos do Domingo de Ramos e da Paixão do Senhor até a manhã da Quinta-feira Santa, visto que o Tríduo Pascal já foi amplamente trabalhado pelo Padre Antonio Lelo, conforme mencionamos na apresentação desta obra.

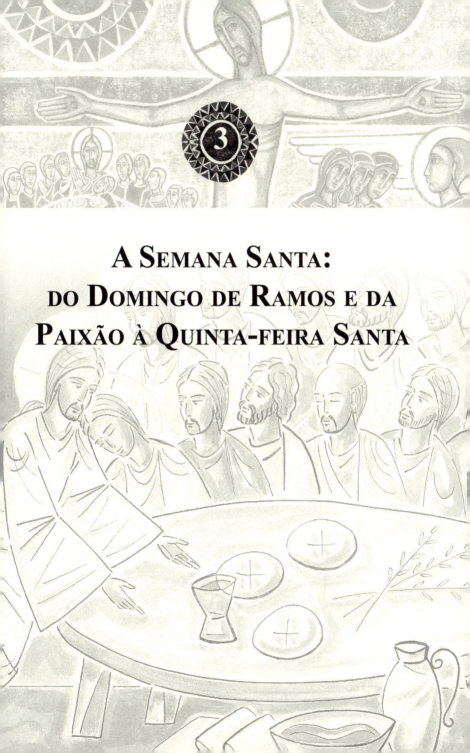

A Semana Santa:
do Domingo de Ramos e da Paixão à Quinta-feira Santa

À semana que antecede a celebração da Páscoa a Igreja chama de Santa e tem seu início com o *Domingo de Ramos e da Paixão do Senhor*, o qual corresponde ao Sexto Domingo da Quaresma; portanto, o intervalo de tempo que nos propomos a meditar, neste capítulo, ainda se encontra dentro do tempo quaresmal.

Vejamos que o nome desse Domingo é de Ramos e da Paixão. O que podemos concluir é que a Igreja deseja acentuar os dois aspectos litúrgicos dessa celebração: a ressurreição, simbolizada pela procissão triunfal dos *ramos*, na qual Jesus Cristo é aclamado *rei* por aqueles que, posteriormente, irão acusá-lo. Aliás, hoje é o verdadeiro dia de Cristo Rei, visto que a Liturgia celebra (atualiza) os fatos históricos ocorridos na vida de Cristo. A segunda parte da celebração, marcada pela Eucaristia, põe em relevo o tema da Paixão, necessária para a glorificação. Assim, no primeiro dia da Semana Santa a Igreja já antecipa, em uma única comemoração, tudo aquilo que vai ocorrer no Tríduo Pascal.

O ideal é que se faça a bênção dos ramos fora da Igreja onde haverá a Missa, para que a procissão represente tudo aquilo que aconteceu em Jerusalém, ou seja, Jesus entrando na cidade e sendo aclamado, com ramos e hosanas, como o *rei de Israel*. A Igreja principal representaria a cidade de Jerusalém. A antífona para a entrada na Igreja diz, conforme está no *Missal Dominical*: "Ouvindo o povo que Jesus entrava, logo o foi encontrar; com ramos de palmeira, ao que chegava puseram-se a saudar. Os filhos dos hebreus Jesus saudavam com suas vozes puras. A vida ressurgida anunciavam: Hosana nas alturas!".

A antífona de entrada para a procissão traz o versículo 9 do capítulo 21 de Mateus: "Saudemos com hosanas o Filho de Davi! Bendito o que nos vem em nome do Senhor! Jesus, rei de Israel, hosana nas alturas!"

As antífonas citadas comprovam o que a liturgia deseja transmitir na primeira parte da celebração desse Domingo, ou seja, a vitória de Cristo sobre a morte e a sua realeza. Ele é o descendente de Davi e vencedor da morte.

O celebrante principal dá início à primeira parte da celebração com uma exortação que tem a finalidade de apresentar aos fiéis o que está acontecendo nesta semana. Em primeiro lugar, afirma que durante as cinco semanas da Quaresma preparamos o nosso coração pela oração, penitência e caridade para celebrar, com toda a Igreja, a Páscoa do Senhor. E foi para realizar o mistério de sua morte e ressurreição que ele entrou em Jerusalém, sua cidade. Lembra a todos que é esta memória que está se realizando na celebração e, se seguirmos os passos de nosso Salvador com fé, poderemos com ele ressuscitar para a vida nova.

Em seguida, o celebrante benze os ramos de palmas com a seguinte oração: "Deus eterno e todo-poderoso, abençoai estes ramos, para que, seguindo com alegria o Cristo nosso Rei, cheguemos por ele à eterna Jerusalém" (*Missal Dominical*).

Ou, ainda, pode-se usar a oração: "Ó Deus de bondade, aumentai a fé dos que esperam em vós e ouvi as nossas preces. Apresentando hoje ao Cristo vencedor os nossos ramos, possamos frutificar em boas obras" (*Missal Dominical*).

Assim como na Quarta-feira de Cinzas o *Missal* apresentou duas orações, à escolha, para a bênção das cinzas, aqui, para a bênção dos ramos, também temos duas orações. A primeira invoca a bênção de Deus sobre os ramos e a segunda suplica a Deus pela assembleia, para que dê frutos de boas obras.

Em seguida, o diácono, ou, na ausência dele, o próprio celebrante principal, proclama o Evangelho, que trata da entrada triunfal de Jesus em Jerusalém para realizar seu Mistério Pascal, conforme o ciclo A (Mateus), B (Marcos) e C (Lucas), sendo que, para o Ano B, o Lecionário propõe uma segunda opção tirada do Evangelho de Jo 2,12-16.

O povo é, então, convocado para a procissão até a igreja onde será a celebração da Missa. Deve-se entoar antífonas apropriadas, seguidas dos salmos de realeza, tais como: 24(23) e 47(46). O *Missal* apresenta duas antífonas:

Antífona 1:

Os filhos dos hebreus com ramos de oliveira correram ao encontro do Cristo que chegava; cantavam e aclamavam: Hosana nas alturas!

Antífona 2:

Os filhos dos hebreus no chão punham seus mantos. Hosana, eles clamavam, ao Filho de Davi! Bendito o que vem em nome do Senhor.

O Lecionário propõe, também, um hino a Cristo Rei.

Ao entrar na Igreja, entoa-se a antífona, já mencionada anteriormente, para esse momento: "Ouvindo o povo que Jesus entrava, [...]".

Quando não há procissão, mas só a bênção dos ramos, a Missa começa com sua antífona própria seguida do Sl 24(23),9-10. Vejamos: "Seis dias antes da solene Páscoa, quando o Senhor veio a Jerusalém, correram até ele os pequeninos. Trazendo em suas mãos ramos e palmas, com alta voz cantavam em sua honra: Bendito és tu que vens com tanto amor! Hosana nas alturas!".

Nessa Missa não há o ato penitencial nem o "Glória". O sacerdote diz logo a *oração do dia*, que evoca a humildade de Jesus, nosso Salvador, em aceitar por nós a morte na cruz e pede que aprendamos o ensinamento de sua Paixão para ressuscitar com ele para a glória.

As lições propostas para a Missa têm uma relação intrínseca; portanto, se por razões pastorais deverão ser abreviadas, que se omita uma das leituras, mas *nunca a narrativa da Paixão do Senhor, que poderá até ser abreviada, mas não suprimida*. A Igreja deseja colocar os fiéis dentro do Mistério celebrado, e o acento dessa segunda parte da liturgia é justamente a proclamação da Paixão do Senhor; daí ser chamado de Ramos e da Paixão.

A monja Etérea deixou escrito, em seu diário, que, durante a Semana que antecedia a celebração da Páscoa, os cristãos de Jerusalém se reuniam todos os dias para os mesmos rituais e leituras de textos do Evangelho que antecedem o acontecimento da Paixão do Senhor. Vejamos o texto de Etérea na edição comentada por Beckhäuser (2004, p. 104, n. 34):

> Assim também na quarta-feira tudo se passa o dia todo, a partir do primeiro canto do galo, tal como na segunda-feira e na terça, mas após o término do ofício, à noite, no *Martyrium* [...] um sacerdote, também de

pé, mas diante do gradil, toma o Evangelho e lê o trecho em que Judas Iscariotes vai ao encontro dos judeus e estipula o quanto lhe darão para trair o Senhor (Mt 26,14).

Esse mesmo Evangelho é proclamado, na Liturgia pós-conciliar, na Quarta-feira Santa com o acréscimo dos versículos 15-25, em que Jesus manda preparar a Santa Ceia.

A partir do Concílio Vaticano II, a leitura do trecho da Paixão do Senhor ficou obrigatória no Domingo de Ramos e da Paixão, conforme o ciclo A, B ou C, e na Sexta-feira Santa, sempre a perícope do apóstolo São João, a testemunha ocular do que se passou na tarde desse dia. Na Segunda, Terça e Quarta-feira Santa, foram postos os Evangelhos cujos temas relacionam-se com a proximidade da celebração da Santa Ceia e da Paixão, como veremos mais adiante.

A primeira leitura traz o canto do Servo sofredor (Is 50,4-7), que numa atitude de confiança em Deus e de amor pelos irmãos vai com liberdade ao encontro da morte, pois tem certeza de que sua missão não é vã. Ele não será humilhado, mas sim exaltado.

O Salmo Responsorial 22(21), em perfeita sintonia com a leitura anterior, tem como refrão uma das orações de Jesus enquanto pendia da cruz: "Meu Deus, meu Deus, por que me abandonastes?". Vemos em todos os seus versículos o desenrolar da Paixão do Senhor: as injúrias, o desprezo, a maldade, mãos e pés de Jesus transpassados, repartem suas vestes, sorteiam sua túnica. Mas o Senhor tem a certeza de que será vitorioso, não será abandonado pelo Pai.

A segunda leitura, já refletida nas Vésperas da solenidade da Anunciação do Senhor, traz o texto de Fl 2,6-11, sobre a *kénosis* de Jesus, seu esvaziamento (humilhação), sua obediência ao Pai até a morte e sua exaltação na terra, nos céus e sob a terra. O canto de aclamação ao Evangelho tem como antífona uma citação do texto acima; com ela nós aclamamos a leitura da Paixão de hoje e da Sexta-feira Santa: "Jesus Cristo se tornou obediente, até a morte numa cruz. Pelo que o Senhor Deus o exaltou, e deu-lhe um nome muito acima de outro nome". Em canto gregoriano, a referida antífona começa assim: "Christus factus est pro nobis obediens [...]".

Em seguida, faz-se a narrativa da Paixão do Senhor sem velas nem incenso, ou beijo no livro, porém ao final deve-se dizer: "Palavra da Salvação". Essa proclamação poderá ser dita ou cantada por três pessoas, sendo o narrador (primeiro leitor), o sinagoga (segundo leitor) e o celebrante principal, que sempre fará as vezes do Cristo. No momento do texto em que se diz que Jesus entregou o espírito ao Pai, todos devem ajoelhar-se por alguns instantes em adoração ao mistério da morte de Cristo. Terminada a leitura da Paixão, o celebrante fará a homilia e a Missa continua como de costume.

A oração sobre as ofertas pede a Deus que, na sua misericórdia, nos dê o perdão dos pecados, que não merecemos por nossas obras. A oração depois da comunhão faz alusão à Morte e Ressurreição de Jesus Cristo, dois acontecimentos sempre inseparáveis.

No que concerne à *Liturgia das Horas*, encontramos neste dia, que inicia o tempo da Paixão, dois hinos tradicionais. Neles vê-se toda uma profundidade litúrgica, bíblica, teológica e pastoral. Estão sugeridos para o ofício de Vésperas (tarde) e das *Laudes* (manhã). Vejamos:

Para Vésperas:

Do Rei avança o estandarte,
Fulge o mistério da Cruz,
Onde por nós foi suspenso
O autor da vida, Jesus.

Do lado morto de Cristo,
Ao golpe que lhe vibraram,
Para lavar meu pecado
O sangue e a água jorraram.

Árvore esplêndida e bela,
De rubra púrpura ornada,
De os santos membros tocar
Digna, só tu foste achada.

Ó Cruz feliz, dos teus braços
Do mundo o preço pendeu;
Balança foste do corpo
Que ao duro inferno venceu.

Salve, ó altar, salve vítima,
Eis que a vitória reluz:
A vida em ti fere a morte,
Morte que à vida conduz.

Salve, ó Cruz, doce esperança,
Concede aos réus remissão;
Dá-nos o fruto da graça,
Que floresceu na Paixão.

Louvor a vós, ó Trindade,
Fonte de todo perdão,
Aos que na Cruz foram salvos,
Dai a celeste mansão.

Vejamos, agora, o que está proposto para as *Laudes*:

O fel lhe dão por bebida
Sobre o madeiro sagrado.
Espinhos, cravos e lança
Ferem seu corpo e seu lado.
No sangue e água que jorram,
Mar, terra e céu são lavados.

Ó cruz fiel, sois a árvore
Mais nobre em meio às demais,
Que selva alguma produz
Com flor e frutos iguais.
Ó lenho e cravos tão doces,
Um doce peso levais.

Árvore, inclina os teus ramos,
Abranda as fibras mais duras.
A quem te fez germinar
Minora tantas torturas.
Leito mais brando oferece
Ao Santo Rei das alturas.

Só tu, ó Cruz, mereceste
Suster o preço do mundo
E preparar para o náufrago
Um porto, em mar tão profundo.
Quis o Cordeiro imolado
Banhar-te em sangue fecundo.

Glória e poder à Trindade.
Ao Pai e ao Filho, louvor.
Honra ao Espírito Santo.
Eterna glória ao Senhor,
Que nos salvou pela graça
E nos remiu pelo amor.

Como vemos, nesses dois hinos o tema central é a Santa Cruz, instrumento único de salvação. Pelo fruto da árvore, no Antigo Testamento, tem-se a desobediência de Adão e a entrada do pecado no mundo. Também pelo novo lenho, a árvore da cruz, temos a salvação. Essa árvore nobre, cujos membros do Novo Adão a tocaram, é a própria árvore da vida. Haurindo do seu fruto, Nosso Senhor Jesus Cristo, obediente, temos a cura de nossas enfermidades.

As antífonas das Primeiras Vésperas apresentam a proximidade da Paixão de Cristo e de sua humilhação até a morte. A leitura breve de 1Pd 1,18-21 afirma que nós fomos resgatados não por bens perecíveis, como a prata ou o ouro, mas pelo precioso sangue de Cristo, como um Cordeiro sem mancha, pois Deus o ressuscitou e lhe deu a glória. O responso breve alude ao texto que saiu da boca do bom ladrão na cruz: "Jesus, lembrai-vos de mim, ao chegar no vosso Reino! Vós que não rejeitais um coração oprimido. Vós que vos fizeste obediente até a morte".

Existe uma antífona para cada ano (A, B ou C) para o cântico evangélico cujo temário trata da entrada solene de Jesus em Jerusalém para celebrar a sua Páscoa, Entrou montando num jumento enfeitado com as vestes do povo que lhe estendia roupas e palmas, cantava "Hosana" e bendizia "aquele que vem em nome do Senhor".

Nas *Laudes*, as antífonas também seguem a mesma temática das Vésperas, exaltando a realeza de Cristo, já que este é o verdadeiro dia de Cristo Rei. A solenidade de Cristo Rei do Universo no último Domingo do Ano Litúrgico é apenas um desmembramento deste dia, para apresentar a realeza do Senhor que virá para julgar os vivos e os mortos, muito bem localizada, agora, na conclusão do Ano Litúrgico, que sempre vem lembrar-nos a segunda vinda. Além do mais, esta solenidade entrou no calendário no início do século XX.

A leitura breve desta hora canônica é o texto do profeta Zacarias (9,9) que é a profecia da entrada do Messias Vencedor na Cidade Santa: "Dança de alegria, filha de Sião, dá vivas, filha de Jerusalém, pois agora o teu rei está chegando, justo e vitorioso. Ele é pobre, vem montado num jumento, num burrico, filho de jumenta." O responso breve é um versículo do Sl 24(23), que pede que as portas sejam abertas para que o rei da glória possa entrar, e as antífonas para o cântico evangélico também são retiradas do episódio da entrada de Jesus em Jerusalém para celebração da Páscoa.

As segundas Vésperas trazem uma teologia que evoca a Paixão, Morte e Ressurreição de Jesus Cristo, visto que esses acontecimentos estão interligados e fazem parte do único Mistério Pascal do Senhor. Vejamos as antífonas dos salmos:

Antífona 1:

Deus Pai exaltou à sua direita
O seu Cristo humilhado e esmagado.

Antífona 2:

Pelo sangue de Jesus, purificados,
Sirvamos ao Deus vivo para sempre!

Antífona 3:

Carregou sobre si nossas culpas
Em seu corpo no lenho da cruz,
Para que mortos aos nossos pecados,
Na justiça de Deus nós vivamos.

A leitura breve, retirada dos Atos dos Apóstolos (13,23-30a), apresenta o resumo da salvação realizada por Jesus Cristo: os chefes não o reconheceram como o Messias e, para cumprir as Escrituras, o crucificaram e o sepultaram, mas Deus o ressuscitou dos mortos. Vejamos a antífona do cântico evangélico para o Ano A: "Está escrito: O Pastor há de ser morto, e as ovelhas haverão de dispersar-se. Mas depois que eu tiver ressuscitado, estarei ante de vós na Galileia; lá havereis de me encontrar, diz o Senhor".

Para a *Segunda-feira Santa*, temos a seguinte antífona de entrada, retirada dos salmos 35(34),1-2; 140(139),8: "Acusai, Senhor, meus acusadores; combatei aqueles que me combatem! Tomai escudo e armadura, levantai-vos, vinde em meu socorro! Senhor, meu Deus, força que me salva!". É, portanto, uma antífona de total confiança ao Pai. Só ele poderá livrar seu Filho dos acusadores e a cada um de nós. Ele nos socorre e salva. A *oração do dia* reza: "Concedei, ó Deus, ao vosso povo, que desfalece por sua fraqueza, recobrar novo alento pela Paixão do vosso Filho".

Como vemos, a oração pede a Deus forças através da Paixão de Jesus Cristo. De certo modo, preparou-nos para a leitura da Missa sobre o Servo de Javé. Ele promoverá o julgamento com justiça e será forte, não esmorecerá. O próprio Deus o constituiu centro da aliança do povo e luz das nações, para abrir os olhos dos cegos, tirar os cativos da prisão, livrar do cárcere os que vivem nas trevas. Temos como Salmo Responsorial o 27(26), que afirma ser o Senhor a nossa luz e salvação, nada temos a temer.

O Evangelho deste dia traz o episódio da unção em Betânia, na casa de Lázaro, que Jesus havia ressuscitado dos mortos. Maria tomou o perfume de nardo puro e ungiu os pés do Senhor, enxugando-os com seus cabelos. Judas, o traidor, repreende-a afirmando que poderia ter guardado o dinheiro para os pobres. Ele, porém, não se preocupava com a pobreza – falou isso porque tomava conta da bolsa comunitária e era um ladrão. E muitos judeus acreditavam em Jesus, o que aumentava a inveja e a raiva dos sumos sacerdotes.

A *Terça-feira Santa* tem a seguinte *oração do dia*: "Deus eterno e todo-poderoso, dai-nos celebrar de tal modo os mistérios da Paixão do Senhor, que possamos alcançar vosso perdão". Aqui o pedido é para a remissão de nossos pecados. Pela Paixão do Senhor vem o perdão para os homens de boa vontade, para aqueles que se abrem aos ensinamentos de nosso Redentor. No Evangelho, temos a cena de Jesus profetizando sobre aquele que o trairia; seria um dos doze. Jesus, ao entregar o pão molhado no molho a Judas Iscariotes, mostra quem é o seu traidor, de quem, naquele momento, Satanás se apossou. Quando Judas saiu da Ceia para entregar Jesus, já era *noite*. A noite nos lembra as trevas em que ele mergulhou por ter sido incoerente com o seu Mestre. Também para nós essas trevas chegam quando nos afastamos dos preceitos do Senhor. O final da perícope apresenta o diálogo de Jesus com Pedro, no qual Cristo afirma que naquela noite seria negado pelo discípulopor três vezes.

Na *Quarta-feira Santa*, temos a *oração do dia* que evoca o suplício da cruz sofrido por Jesus e a sua consequente glorificação pela ressurreição. Vejamos: "Ó Deus, que fizeste vosso Filho padecer o suplício da cruz para arrancar-nos à escravidão do pecado, concedei aos vossos servos e servas a graça da ressurreição".

O Evangelho deste dia, que antecede o início do Sacro Tríduo Pascal, divide-se em duas partes distintas. A primeira mostra Judas procurando um momento certo para entregar Jesus aos sumos sacerdotes. Na segunda, Jesus manda os discípulos prepararem o lugar para celebrarem a Páscoa e, ao cair da tarde, a celebram. Jesus, contudo, anuncia tanto a proximidade de sua Paixão como a sua traição. Diz também que era melhor não ter nascido aquele que o entregaria.

Como vemos, esses três dias da Semana Santa, que seguem ao Domingo de Ramos e da Paixão do Senhor, têm para o Evangelho textos que, cronologicamente, ligam-se à proximidade do Mistério Pascal de Cristo: a unção de Betânia; o anúncio da traição de Judas Iscariotes e a preparação com o início da Ceia Pascal judaica, à qual Jesus dará um novo sentido ao afirmar que o pão é o seu Corpo e que o terceiro cálice de vinho, o da bênção, desse dia em diante seria o seu Sangue. Assim, na Nova e Eterna Aliança temos uma continuidade com o ritual judaico e uma ruptura com a introdução do elemento novo, no caso, a Eucaristia.

O *Missal* apresenta dois prefácios para esse tempo da Paixão, cujos temas ligam-se ao mistério celebrado. O primeiro, para a Quinta Semana da Quaresma, diz: "O universo inteiro, salvo pela Paixão do vosso Filho, pode proclamar a vossa misericórdia. Pelo poder radiante da Cruz, vemos com clareza o julgamento do mundo e a vitória de Jesus crucificado". O segundo, para esses três primeiros dias da Semana Santa, aporta o seguinte texto: "Já se aproximam os dias de sua Paixão salvadora e de sua gloriosa Ressurreição. Dias em que celebramos, com fervor, a vitória sobre o antigo inimigo e entramos no mistério da nossa redenção". A Igreja deseja, com esses dois textos do prefácio, fazer uma preparação imediata em nossos corações, a fim de aderirmos com maior empenho ao Mistério do Senhor que estamos para atualizar na Liturgia.

A parte da manhã da *Quinta-feira Santa*, ainda dentro do Tempo da Quaresma, caracteriza-se pela Missa Solene do Santo Crisma. Essa liturgia recebe tal nome porque é nela que se consagra o Santo Óleo do Crisma para a celebração dos sacramentos do Batismo, da Crisma e da Ordem, como também para a unção dos altares de pedra quando são consagrados a Deus. Ainda, abençoa-se o óleo dos catecúmenos para a unção pré-batismal e o óleo para o sacramento da Unção dos Enfermos. Essa Missa deve ser presidida pelo bispo diocesano com todo o seu presbitério, pois, sendo o dia da instituição do sacramento da Ordem, o clero renova suas promessas sacerdotais. Por razões pastorais, essa celebração poderá ser antecipada para a Quinta Semana da Quaresma ou mesmo para uma quinta-feira dentro do Tempo Pascal, mas sempre nas proximidades da Páscoa.

A origem da bênção dos santos óleos e da consagração do sagrado Crisma é de ambiente romano, ainda que o rito traga marca da liturgia galicana. Parece que até fins do século VII a bênção dos óleos era feita durante a Quaresma. O ideal é que os *santos óleos* sejam abençoados antes da Páscoa para serem usados na Vigília Pascal, para recepção dos sacramentos da *iniciação cristã*.

A bênção dos óleos dos enfermos é feita antes da conclusão da *oração eucarística*. A bênção do óleo dos catecúmenos e a consagração do Santo Crisma são feitas depois da comunhão, porém, por razões pastorais, a bênção dos três poderá ser realizada após a Liturgia da Palavra. Seja qual for o momento adotado para a bênção dos santos óleos, logo após a homilia do bispo faz-se a renovação das promessas sacerdotais.

Essa solene liturgia transformou-se em oportunidade de reunir todo o presbitério em torno de seu bispo para fazer-se a celebração da festa do sacerdócio. Os textos bíblicos e eucológicos dessa Missa evidenciam e recordam tal realidade. Como sabemos, nós, os sacerdotes do Senhor Jesus, somos configurados a ele "para anunciar a Boa-Nova aos pobres; [...] para proclamar a libertação aos presos e, aos cegos, a recuperação da vista; para dar liberdade aos oprimidos e proclamar um ano aceito da parte do Senhor" (Lc 4,18). Se o ministério sacerdotal está intimamente ligado à Eucaristia, é igualmente verdade que esse ministério converge para ela, pois sem o sacerdote ela não acontece. Jesus assim quis, na noite em que foi entregue por nossos pecados.

A antífona de entrada para essa celebração vem de Ap 1,6: "Jesus Cristo fez de nós um reino de sacerdotes para Deus, seu Pai. A ele glória e poder pelos séculos dos séculos. Amém". Vemos que a antífona introduz, de maneira muito clara, o mistério que se vai celebrar, ou seja, o nosso sacerdócio e, sobretudo, o sacerdócio ministerial instituído por Jesus Cristo na véspera de sua Paixão e Morte. A *oração do dia* vai nessa mesma linha, enfatiza a unção sacerdotal de Cristo e pede que nós, sacerdotes da Nova Aliança, que participamos de sua consagração, possamos ser no mundo testemunhas da redenção que Jesus nos trouxe.

A primeira leitura é o trecho do profeta Isaías que trata do Espírito do Senhor que está em Jesus, ungindo-o para evangelizar os humildes, libertar os cativos, proclamar o ano da graça do Senhor. Por fim, afirma sermos os sacerdotes do Senhor dignos da recompensa, da aliança perpétua e da bênção de Deus, desde que demos testemunho com nossas palavras e ações. O Salmo Responsorial 89(88) canta a bondade de Deus de geração a geração e remonta à unção de Davi e de sua descendência. A segunda leitura, retirada de Ap 1,5-8, afirma, mais uma vez, que Jesus nos constituiu como um reino de sacerdotes para Deus seu Pai. Ele retornará nas nuvens e todos os olhos o verão, como também aqueles que o transpassaram. Ele foi constituído, pelo seu Mistério Pascal, princípio e fim de todas as coisas, aquele que é, que era e que vem. O Evangelho de hoje tem plena sintonia com a profecia de Isaías, apresentada na primeira leitura: Lc 4, 16-21, que traz o texto da unção de Jesus e o seu programa de evangelização, pois, depois que leu a profecia, na Sinagoga de Nazaré, afirmou: "Hoje se cumpriu esta passagem da Escritura que acabastes de ouvir". Após a homilia, procede-se à renovação dos votos sacerdotais. O bispo, por sua vez, interroga os presbíteros presentes:

1. Filhos caríssimos, celebrando cada ano o dia em que o Senhor Jesus comunicou o seu sacerdócio aos apóstolos e a nós, quereis renovar as promessas que um dia fizestes perante o vosso bispo e o Povo de Deus?

Os presbíteros respondem: QUERO.

2. Quereis unir-vos e conformar-vos mais estreitamente ao Senhor Jesus, renunciando a vós mesmos e confirmando os compromissos do sagrado ministério que, levados pelo amor de Cristo, assumistes com alegria em relação à Igreja, no dia da vossa ordenação sacerdotal?

Presbíteros: Quero.

3. Quereis ser fiéis distribuidores dos mistérios de Deus pela missão de ensinar, pela sagrada Eucaristia e demais celebrações litúrgicas, seguindo o Cristo Cabeça e Pastor, não levados pela ambição dos bens materiais, mas apenas pelo amor aos seres humanos?

Presbíteros: Quero.

Voltando-se para o povo, o bispo prossegue:

1. E vós, caríssimos filhos e filhas, rezai pelos vossos presbíteros, para que o Senhor derrame profusamente os seus dons sobre eles e, como fiéis ministros de Cristo, sumo sacerdote, vos conduzam àquele que é a fonte da salvação.

O povo diz: Cristo ouvi-nos. Cristo, atendei-nos.

2. E orai também por mim, para que eu seja fiel à missão apostólica confiada à minha fraqueza e cada dia realize melhor entre vós a imagem viva do Cristo Sacerdote, Bom Pastor, Mestre e Servo de todos.

Povo: Cristo ouvi-nos. Cristo, atendei-nos.

3. Deus nos guarde a todos em sua caridade, e nos conduza, pastores e ovelhas, à vida eterna.

Povo: Amém.

Nesse momento, os recipientes contendo os óleos que vão ser abençoados e consagrados (óleo do crisma), entram em procissão pela nave da Igreja conduzidos pelos diáconos ou presbíteros. O coral deverá cantar o seguinte hino próprio para esse momento de procissão:

Acolhei, ó Redentor,
Nossos hinos de louvor! (Refrão)

1. O óleo a ser consagrado desceu do trono fecundo:
Por nós vai ser ofertado a quem salvou este mundo.

2. Quem na fraqueza se abisma seja em vigor restaurado
Graça a unção deste crisma que o faz do Cristo soldado.

3. Quem, no batismo lavado, a fronte ao crisma oferece,
Já pela graça habitado, com sete dons se enriquece.

4. Do Pai à Virgem descido, de novo ao Pai regressais,
E o amigo, então prometido, às nossas almas mandais.

5. Seja festivo este dia, dele se faça a memória:
Óleo de santa alegria já nos promete a vitória.

Já se pode, portanto, proceder aqui à bênção dos óleos dos enfermos e dos catecúmenos, como também à consagração do *santo crisma*. Para a preparação deste, o bispo derrama perfumes no óleo e confecciona o crisma em silêncio. No meio da oração de consagração, sopra sobre o óleo para significar a infusão do Espírito Santo e, no momento da *epiclese* (invocação do Espírito Santo), todos os presbíteros fazem a imposição das mãos, juntamente com o bispo.

Para a bênção do óleo dos catecúmenos, a oração evoca a força de Deus para aqueles que forem ungidos com ele e, na oração do óleo dos enfermos, pede a libertação do enfermo da dor, da fraqueza e da enfermidade. Em seguida, a Missa continua como de costume. A antífona de comunhão também foi retirada do Sl 89(88),2: "Senhor, quero cantar eternamente o vosso amor e vossa fidelidade de geração a geração".

O prefácio desta celebração evoca o sacerdócio de Cristo e o seu prolongamento nos homens de todos os tempos, os quais, apesar das fraquezas, são chamados pelo Senhor para participar da sua mesma unção. Apresenta, também, as funções sacerdotais, que são, sobretudo, preparar para os fiéis o *banquete eucarístico* e alimentá-los com a Palavra de Deus. Vejamos a riqueza do próprio texto:

> Pela unção do Espírito Santo, constituístes vosso Filho unigênito Pontífice da nova e eterna aliança. E estabelecestes que seu único sacerdócio se perpetuasse na Igreja. Por isso, vosso Filho, Jesus Cristo, enriqueceu a Igreja com um sacerdócio real. E, com bondade fraterna, escolhe homens que, pela imposição das mãos, participem do seu ministério sagrado. Em nome de Cristo, estes renovam para nós o sacrifício da redenção humana, servindo aos fiéis o banquete da Páscoa. Presidindo o povo na caridade, eles o alimentam com a vossa palavra e o restauram com os vossos sacramentos. Dando a vida por vós e pela salvação de todos, procuram assemelhar-se cada vez mais ao próprio Cristo, testemunhando, constantes, a fidelidade e amor para convosco.

Como já foi dito anteriormente, a Missa *In Coena Domini* (na Ceia do Senhor), assim como todo o Tríduo Pascal, já foram amplamente estudados pelo Padre Lelo em seu livro citado. Sendo assim, passaremos à nossa reflexão do Tempo Pascal, começando pela celebração do Domingo da Ressurreição.

O Tempo Pascal

Esse tempo caracteriza-se pela celebração da vitória de Cristo sobre a morte, tendo o seu início com o Domingo da Ressurreição e concluindo-se no dia de Pentecostes, formando, portanto, uma unidade. A Igreja deseja celebrar esses cinquenta dias de Páscoa como um único e prolongado dia de festa, pois é "o dia que o Senhor fez [para nós], exultemos e alegremo-nos nele" (Sl 118[117],24).

O canto do "Aleluia", que ressoa repetidamente na liturgia, manifesta o júbilo desse período. Durante esses cinquenta dias o Círio Pascal, aceso na noite da Páscoa, é símbolo e testemunho da presença de Jesus Ressuscitado, enquanto cada Domingo desse período celebra os diversos modos de sua manifestação na Igreja.

Os primeiros oito dias do Tempo Pascal constituem a Oitava de Páscoa e são celebrados como solenidades do Senhor. O oitavo dia é constituído pelo Domingo seguinte ao da Páscoa, que na liturgia, antes do Concílio Vaticano II, chamava-se Domingo *In Albis* (Da Alvura), isto porque neste Domingo aqueles que haviam sido batizados na Vigília Pascal voltavam à igreja para depor as vestes brancas. A *Liturgia das Horas* e o *Missal Romano* chamam-no Segundo Domingo da Páscoa, e tem precedência sobre qualquer outra solenidade. Os outros Domingos desse tempo são chamados "da Páscoa" e também precedem as festas do Senhor e outras solenidades. Se essas solenidades ocorrem em um desses Domingos, são antecipadas para o sábado. Se caem durante a Oitava da Páscoa, a solenidade fica transferida para o primeiro dia livre que segue a ela.

Para a celebração da Santa Missa, os Domingos da Páscoa possuem formulário eucológico próprio. O Lecionário é dividido em ciclos (três anos), ou seja: anos A, B ou C, conforme os evangelistas a eles referidos. No Brasil, a solenidade da Ascensão do Senhor é celebrada no Sétimo Domingo da Páscoa.

Existem cinco prefácios para o Tempo da Páscoa. No Domingo da Ressurreição e na oitava pascal, toma-se, sempre, o primeiro por fazer alusão à noite e ao dia de Páscoa. As solenidades da Ascensão do Senhor e Pentecostes possuem prefácios próprios.

Conforme o *Missal Dominical* (s.d.), o Círio Pascal é colocado junto ao ambão ou em lugar adequado próximo ao altar, durante todo o Tempo Pascal, isto é, da noite da Páscoa até as Segundas Vésperas de Pentecostes. Deve-se acendê-lo em todas as Missas, como também em *Laudes* e Vésperas, quando se reza a *Liturgia das Horas* na Igreja. Após a conclusão do Tempo Pascal, deverá ser posto, com reverência, no *batistério* para dele acenderem-se as velas dos neobatizados. As cores litúrgicas desse tempo são o branco, o dourado ou a prata e o vermelho para a celebração de Pentecostes.

4.1. O Domingo de Páscoa e sua Oitava

Depois de ter-se celebrado a Vigília Pascal dentro da "noite mais clara que o dia", como nos diz o texto do Precônio Pascal, a Missa solene do dia da Ressurreição do Senhor possui dois textos para a antífona de entrada. O primeiro tirado do Sl 138 no versículo que se refere ao próprio Cristo: "Ressuscitei, ó Pai, sempre estou contigo: pousaste sobre mim a tua mão, tua sabedoria é admirável, aleluia!". O segundo, traz um trecho do capítulo 24 de Lucas, ou capítulo 1 do Apocalipse de São João: "Na verdade Cristo ressuscitou, aleluia! A ele o poder e a glória pelos séculos eternos". Cristo, vencedor da morte, é, agora, o eterno vivente. Nele todos nós vivemos e podemos alimentar a esperança de um dia participar da sua glória no paraíso. A *oração do dia* alude a essa realidade quando diz que pelo Filho Unigênito de Deus, hoje vitorioso sobre a morte, as portas da eternidade nos foram abertas, pedindo que possamos ressuscitar com Jesus para a luz da vida nova.

A primeira leitura é uma profissão de fé diante dos fatos verídicos que estão sendo atualizados na Liturgia. Pedro, no seu discurso, faz um perfeito relato histórico da missão de Jesus Cristo, a começar pelo batismo pregado por João Batista, a unção de Jesus Cristo e seu trabalho missionário de fazer o bem, curar os doentes, expulsar demônios. Pedro afirma que ele e os discípulos são testemunhas desses fatos e, sobretudo, da morte do Senhor e de sua gloriosa ressurreição ao terceiro dia, e todos os que creem em Jesus Ressuscitado recebem o perdão dos pecados.

O Salmo Responsorial não poderia deixar de ser o 118(117), pois trata da misericórdia de Deus, que é eterna; da pedra que os pedreiros rejeitaram e que, agora, tornou-se a pedra angular, sendo esta o próprio Jesus Cristo; e, ainda, da grandeza deste dia que o Senhor fez para nós, portanto um dia que nos é dado de presente. Dia de alegria verdadeira, dia da salvação, da reconquista de nossa dignidade de filhos de Deus. Nele devemos exultar e alegrar-nos!

Para a segunda leitura existem duas opções: o texto de Cl 3,1-4, que trata da nossa postura de ressuscitados com Cristo. Devemos, portanto, procurar as coisas do alto para podermos aparecer como ele, revestidos de glória. E o trecho de 1Cor 5,6b-8, que nos convoca para sermos um novo fermento de pureza e verdade, pois o nosso Cordeiro Pascal já foi imolado. Imediatamente seguindo a essa leitura, deve-se cantar ou recitar, obrigatoriamente neste dia, a Sequência Pascal, um poema de louvor que antecede a aclamação ao Evangelho. Existem, hoje, várias melodias para o texto oficial, conforme o Lecionário:

Cantai, cristãos, afinal: "Salve, ó vítima pascal!"
Cordeiro inocente, o Cristo abriu-nos do Pai o aprisco.

Por toda ovelha imolado, do mundo lava o pecado.
Duelam forte e mais forte: é a vida que enfrenta a morte.

O rei da vida, cativo, é morto, mas reina vivo!
Responde, pois, ó Maria: no teu caminho o que havia?

"Vi Cristo ressuscitado, o túmulo abandonado.
Os anjos da cor do sol, dobrado no chão o lençol...

O Cristo, que leva aos céus, caminha à frente dos seus!"
Ressuscitou de verdade. Ó Rei, ó Cristo, piedade!

O Evangelho apresenta a narrativa de São João do episódio da Ressurreição. O anúncio de Maria Madalena para Pedro e João; a corrida dos dois; a espera de João por Pedro, a fim de que este, que tinha a precedência entre os Doze, fosse o primeiro a entrar no túmulo e constatasse a ressurreição. João também entrou, viu e acreditou, pois até aquele momento ainda não tinham compreendido as Escrituras que afirmavam que ele ressurgiria dos mortos ao terceiro dia.

Uma nota do *Missal Dominical* (s.d.) diz que se pode tomar, também, uma das opções do Evangelho da Vigília, ou seja, Mt 28,1-10 e, ainda, para as Missas da tarde, a cena dos discípulos de Emaús (Lc 24,13-35), pela certa correspondência cronológica dos fatos.

A oração sobre as ofertas e a de depois da comunhão tratam do júbilo pela ressurreição de Cristo e oferecem o sacrifício que faz renascer a Igreja e que a renova constantemente, para que nós, seus filhos, possamos chegar, com Cristo, à luz da ressurreição.

Assim como na Vigília Pascal, a despedida da Missa deverá ser acrescida de dois "aleluias", da seguinte maneira: "Ide em paz e o Senhor vos acompanhe, aleluia, aleluia! Graças a Deus aleluia, aleluia". O mesmo para encerrar a *Liturgia das Horas* durante toda a Oitava de Páscoa: "Bendigamos ao Senhor, aleluia, aleluia", e a mesma resposta da Missa.

O Domingo da Ressurreição é o único Domingo do Ano Litúrgico que não possui Primeiras Vésperas, pois se diz na tarde do dia anterior as Vésperas do próprio Sábado Santo. Portanto, neste dia, a *Liturgia das Horas* sempre começa com as *Laudes* (oração da manhã), que possuem a seguinte antífona para o salmo invitatório (de convite ao louvor divino): "Surrexit Dominus vere, alleluia, alleluia!" ("O Senhor ressuscitou verdadeiramente, aleluia, aleluia!"). O hino desta hora canônica começa dizendo que "do céu já se desdobra o lábaro da aurora, alegre exulte o mundo, gemendo o inferno chora". Nesses versos iniciais já se coloca toda a motivação da presente solenidade: o mundo exulta e o inferno chora, pois o maligno foi acorrentado e nós fomos salvos para sempre. As antífonas para os salmos afirmam a verdade da Ressurreição do Senhor. Conforme a *Liturgia das Horas* romana, são elas:

Antífona 1:

O Senhor ressuscitou e seu povo iluminou,
Ao qual remiu com o seu sangue. Aleluia.

Antífona 2:

Ressuscitou da sepultura o Salvador:
Ao nosso Deus cantemos hinos, aleluia.

Antífona 3:

Aleluia, o Senhor ressuscitou
Como havia anunciado, aleluia.

A leitura breve é retirada de At 10,40-43. É a mesma da Missa do Dia de Páscoa. Afirma, também, que Jesus Cristo ressuscitou dos mortos e apareceu, primeiramente, a testemunhas escolhidas, aos próprios apóstolos e discípulos que comeram e beberam com ele após a ressurreição. Jesus foi constituído pelo Pai juiz universal e, todo aquele que nele crê recebe o perdão dos pecados. O responso breve cede lugar à antífona própria tirada do Sl 118(117),24 e estende-se por toda esta Oitava festiva. Eis o texto: "Este é o dia que o Senhor fez para nós; alegremo-nos e nele exultemos. Aleluia".

O cântico do *Benedictus* apresenta a seguinte antífona: "Na manhã do dia da Páscoa, tendo o sol aparecido, as mulheres vão ao túmulo. Aleluia". A oração para o dia da Ressurreição atualiza o acontecimento com o vocábulo *hoje*, apresentando que o Senhor, vencedor da morte, abriu para nós as portas da eternidade. Pede, ainda, que possamos, no Espírito, ressuscitar para uma nova vida. A Hora Média traz o Sl 118(117) dividido em três blocos, por ser um salmo próprio da Páscoa que, cantando a misericórdia de Deus, afirma ser este o dia que o Senhor fez para nós e que a pedra rejeitada pelos construtores tornou-se, agora, a pedra angular, como já dissemos ao refletirmos sobre a Missa.

Nas Vésperas, temos o tradicional hino de Páscoa, que vale a pena transcrever da Liturgia das Horas:

Às núpcias do Cordeiro
Em brancas vestes vamos.
Transposto o mar Vermelho,
Ao Cristo Rei cantamos.

Por nós no altar da cruz
Seu corpo ofereceu.
Bebendo deste sangue,
Nascemos para Deus.

Seu sangue em nossas portas
Afasta o anjo irado.
Das mãos dum rei injusto
Seu povo é libertado.

O Cristo, nossa Páscoa,
Morreu como um Cordeiro.
Seu corpo é nossa oferta
Pão vivo e verdadeiro.

Ó vítima verdadeira,
Do inferno a porta abris,
Livrais o povo escravo,
Dais vida ao infeliz.

Da morte o Cristo volta,
A vida é seu troféu.
O inferno traz cativo
E a todos abre o céu.

Jesus, Pascal Cordeiro,
Em vós se alegra o povo,
Que, livre pela graça,
Em vós nasceu de novo.

A glória seja ao Cristo
Da morte vencedor.
Ao Pai e ao Santo Espírito
O nosso igual louvor.

Como vemos, o hino evoca as Páscoas judaica e da Nova Aliança.
Tudo foi restaurado e iluminado pelo verdadeiro Cordeiro Pascal. Ele,

inocente, quis morrer pelos pecadores. Descendo à mansão dos mortos, libertou nossos primeiros pais e todos os justos que confiavam na misericórdia de Deus. Ressuscitando, deu-nos a oportunidade de tornarmo-nos filhos de Deus pelas águas do Batismo, o novo mar Vermelho que liberta para sempre.

As antífonas das Vésperas, como nas *Laudes*, também apresentam o tema da Ressurreição através dos personagens que viram o túmulo vazio e a palavra do Senhor que orienta os discípulos a irem para a Galileia, pois é lá que o verão. A antífona para o cântico do *Magnificat* traz um texto do Evangelho que, cronologicamente, apresenta o cair do dia da ressurreição: "Na tarde da Páscoa, as portas fechadas, Jesus aparece no meio dos seus, reunidos com medo, e lhes diz: Paz a vós! Aleluia".

Veremos, agora, como se arrumam os textos para as Missas desta Oitava da Páscoa, pois a *Liturgia das Horas* são, para *Laudes* e Vésperas, as mesmas do dia de Páscoa, mas com leituras e antífonas próprias para os cânticos evangélicos (*Benedictus* e *Magnificat*), como também apresentando uma oração para cada dia, conforme o *Missal Romano*.

Na Segunda-feira da Oitava de Páscoa, temos duas opções para a antífona de entrada: a primeira tirada do Livro do Êxodo (13,5.9), afirmando que o Senhor nos introduziu na terra onde correm leite e mel e que a sua lei deverá estar sempre em nossos lábios. A segunda aporta à certeza de que o Senhor ressuscitou dos mortos conforme prometera e por isso devemos nos alegrar e exultar, pois agora ele reina para sempre. Observamos que esses introitos no início da Oitava já nos colocam bem dentro da alegria da Páscoa e daquilo que a Liturgia se propõe a celebrar nestes dias festivos.

Lembremos que em todas as Missas da Oitava de Páscoa deve-se rezar ou cantar o Hino de Louvor, o "Glória a Deus nas alturas".

Vejamos, agora, as orações da coleta para cada dia:

• *Segunda-feira:*

Ó Deus, que fazeis crescer a vossa Igreja, dando-lhe sempre novos filhos e filhas, concedei que por toda a sua vida estes vossos servos e servas sejam fiéis ao sacramento do Batismo que receberam professando a fé.

- *Terça-feira:*

Ó Deus, que nos concedeste a salvação pascal, acompanhai o vosso povo com vossos dons celestes, para que, tendo conseguido a verdadeira liberdade, possa um dia alegrar-se no céu, como exulta agora na terra.

- *Quarta-feira:*

Ó Deus que nos alegrais todos os anos com a solenidade da ressurreição do Senhor, concedei-nos, pelas festas que celebramos nesta vida, chegar às eternas alegrias.

- *Quinta-feira:*

Ó Deus, que reunistes povos tão diversos no louvor de vosso nome, concedei aos que renasceram nas águas do batismo ter no coração a mesma fé e na vida a mesma caridade.

- *Sexta-feira:*

Deus eterno e todo-poderoso, que no Sacramento pascal restaurastes vossa aliança, reconciliando convosco a humanidade, concedei-nos realizar em nossa vida o mistério que celebramos na fé.

- *Sábado:*

Ó Deus, que pela riqueza da vossa graça multiplicai os povos que creem em vós, contemplai solícito aqueles que escolhestes e daí, aos que renasceram pelo batismo, a veste da imortalidade.

Como vemos, as seis orações "passeiam" pelo mesmo tema da ressurreição do Senhor, enfocando, sobretudo, o caráter batismal da Páscoa, ou seja, aqueles que renasceram nas águas do batismo têm de viver conforme os preceitos do Senhor, na fé e na caridade.

As leituras dessa semana são todas retiradas do Livro dos Atos dos Apóstolos, assim como em quase todos os cinquenta dias do Tempo Pascal. Os Domingos recebem o acréscimo, na segunda leitura, do Livro do Apocalipse e de trechos das cartas de João, Paulo e Pedro. Temos, assim, o discurso de Pedro no dia de Pentecostes afirmando a veracidade da ressurreição do Senhor através de sinais, e desse acontecimento os próprios apóstolos são testemunhas, como também motivando o povo à conversão e recepção do batismo. Pedro e João, na oração das três horas da tarde, curando em nome de Jesus Ressuscitado, um paralítico. Mais uma vez, depois dessa cura, Pedro clama à conversão os israelitas através do arrependimento, pois Jesus de Nazaré, que eles mataram, Deus o ressuscitou. Pedro e João são interrogados porque curaram um enfermo, e mais uma vez Pedro afirma ter sido em nome de Jesus de Nazaré que a cura foi realizada, pois ele se tornou a pedra angular pela sua ressurreição. Por sua vez, os chefes dos sacerdotes, os anciãos e os escribas já não sabiam o que fazer com os apóstolos, pois temiam o povo que se convertia.

Os salmos apresentam como antífona o "Aleluia" ou mesmo versículos tirados do próprio salmo cujo tema está em torno do mistério celebrado. O Sl 118(117), por ser pascal, aparece duas vezes nesta Oitava.

Os Evangelhos são organizados seguindo sempre uma ordem cronológica na afirmação da ressurreição de Jesus. Na segunda-feira, o Evangelho apresenta Jesus Ressuscitado se encontrando com as mulheres que foram ao túmulo na madrugada do domingo e dizendo que os apóstolos o verão na Galileia; a segunda parte apresenta a mentira dos soldados romanos ao dizerem que o corpo de Jesus fora roubado. A terça-feira traz a aparição do Ressuscitado a Maria Madalena, e esta, como verdadeira discípula, indo anunciar aos discípulos sua alegria de ter contemplado Jesus vivo. A quarta-feira nos apresenta os discípulos de Emaús e como o Senhor foi reconhecido ao partir o pão, nesse momento desaparecendo, tornando-se o Mistério da fé. É interessante notar que na narrativa desse trecho de São Lucas vemos claramente a fonte bíblico-litúrgica da *celebração eucarística*: uma liturgia da Palavra (Jesus explica-lhes as Escrituras enquanto caminham) e a liturgia sacramental (Jesus reparte o pão). Na quinta-feira, temos a continuação da cena de Emaús e Jesus aparecendo no meio dos discípulos explicando tudo o que estava escrito sobre ele na Lei de Moisés, nos profetas e nos salmos. Disso eles seriam testemunhas. Na sexta-feira, a liturgia apresenta a terceira aparição de Jesus Ressuscitado, agora às margens do lago de Tiberíades. Aconteceu a pesca milagrosa e o Senhor providenciou brasas e pão para que, juntamente com os peixes, pudessem se alimentar. O próprio texto acaba dizendo: "Esta foi a terceira vez que Jesus, ressuscitado dos mortos, apareceu aos discípulos" (Jo 21,14). O Evangelho do sábado, sétimo dia da Oitava da Páscoa, traz o texto de Mc 16,9-15, que apresenta a aparição do Ressuscitado a Maria Madalena, a outros dois discípulos que estavam indo para o campo e, depois, aos onze que comiam juntos. Jesus repreende-os a respeito da incredulidade deles e envia-os a anunciar o Evangelho ao mundo inteiro.

Nos dias da Oitava pascal pode-se tomar sempre a *oração eucarística* primeira ou *cânon romano* com o comunicante próprio, ou seja, "em comunhão com toda a Igreja celebramos este dia santo da ressurreição [...]". Ainda, não se pode esquecer de que na despedida da Missa ou da *Liturgia das Horas* são acrescentados, sempre, dois "aleluias".

Passaremos a refletir, agora, a liturgia dos Domingos da Páscoa.

4.2. Os Domingos da Páscoa

Na Oitava de Páscoa, também chamado Segundo Domingo da Páscoa, celebramos, por instituição do Servo de Deus, Papa João Paulo II, a festa da Divina Misericórdia, isto porque tanto na *oração do dia* como no Sl 118(117) enfatiza-se a misericórdia de Deus para com a humanidade, e que, agora, realiza-se plenamente pela ressurreição gloriosa de seu filho.

Apresentaremos os Domingos da Páscoa seguindo a divisão do *Lecionário* dos anos A, B e C. Veremos, também, a teologia dos cinco prefácios desse tempo.

Agora, reflitamos sobre as orações do dia, que sempre nos colocam diante do mistério celebrado. Assim, temos:

* *Segundo Domingo da Páscoa:*

Ó Deus de eterna misericórdia, que reacendeis a fé do vosso povo na renovação da festa pascal, aumentai a graça que nos destes. E fazei que compreendamos melhor o batismo que nos lavou, o Espírito que nos deu nova vida e o sangue que nos redimiu.

- *Terceiro Domingo da Páscoa:*

  Ó Deus, que o vosso povo sempre exulte pela sua renovação espiritual, para que, tendo recuperado agora com alegria a condição de filhos de Deus, espere com plena confiança o dia da ressurreição.

- *Quarto Domingo da Páscoa:*

  Deus eterno e todo-poderoso conduziu-nos à comunhão das alegrias celestes, para que o rebanho possa atingir, apesar de sua fraqueza, a fortaleza do Pastor.

- *Quinto Domingo da Páscoa:*

  Ó Deus Pai de bondade, que nos redimistes e adotastes como filhos e filhas, concedei aos que creem no Cristo a liberdade verdadeira e a herança eterna.

- *Sexto Domingo da Páscoa:*

  Deus eterno e todo-poderoso, dai-nos celebrar estes dias de júbilo em honra do Cristo Ressuscitado, para que nossa vida corresponda sempre aos mistérios que recordamos.

Como vemos, as *orações do dia* apresentadas colocam-nos, muito bem, dentro da meditação do Mistério da Ressurreição do Senhor que celebramos nesses dias, enfatizando a *unidade* desse tempo litúrgico. A do Segundo Domingo evoca os temas básicos da Páscoa: Batismo, Espírito e Eucaristia, ou seja, os três sacramentos da iniciação cristã que eram e, ainda são, recebidos tradicionalmente na noite santa da Vigília Pascal, sobretudo se o catecúmeno for um adulto. Vale lembrar também nesse dia o introito que evoca claramente os batismos da noite da Páscoa: "Como crianças recém-nascidas, desejai o puro leite espiritual para crescerdes na salvação". A do Terceiro Domingo convoca-nos a exultar espiritualmente, pois recuperamos a condição de filhos de Deus. O Quarto Domingo é sempre dedicado ao tema do Bom Pastor e por isso mesmo a oração pede que sejamos conduzidos às alegrias celestes, pois, apesar de nossa fraqueza, poderemos ter a fortaleza do Pastor. O Quinto Domingo traz o tema da herança eterna, já que fomos, pela ressurreição do Senhor, adotados como filhos e filhas de Deus. A oração do Sexto Domingo continua pedindo ao Senhor que celebremos esses dias de júbilo pascal em honra do Cristo Ressuscitado e, assim, possamos testemunhar com a nossa vida o mistério que celebramos na liturgia.

Antes de refletirmos sobre as lições de cada um desses Domingos, vejamos os textos dos cinco prefácios da Páscoa:

- *Prefácio 1* (para Vigília Pascal, Missa do dia e Oitava de Páscoa):

  Na verdade [...], mas sobretudo nesta noite, ou dia, ou tempo em que Cristo nossa Páscoa foi imolado. Ele é o verdadeiro Cordeiro, que tira o pecado do mundo. Morrendo, destruiu a morte, e, ressurgindo, deu-nos a vida. Transbordando de alegria pascal [...].

- *Prefácio 2:*

  Por ele, os filhos da luz nascem para a vida eterna; e as portas do Reino dos Céus se abrem para os fiéis redimidos. Nossa morte foi redimida pela sua e na sua ressurreição ressurgiu a vida para todos.

- *Prefácio 3:*

  Ele continua a oferecer-se pela humanidade, e junto de vós é nosso eterno intercessor. Imolado, já não morre; e, morto, vive eternamente.

- *Prefácio 4:*

  Vencendo a corrupção do pecado, realizou uma nova criação. E, destruindo a morte, garantiu-nos a vida em plenitude.

- *Prefácio 5:*

  Pela oblação de seu corpo, pregado na Cruz, levou à plenitude os sacrifícios antigos. Confiante, entregou em vossas mãos seu espírito, cumprindo inteiramente a vossa santa vontade, revelando-se, ao mesmo tempo, sacerdote, altar e cordeiro.

Vemos que os cinco prefácios pascais nos colocam dentro da teologia da ressurreição de Jesus Cristo. Todos repetem a expressão: *[...] sobretudo nesta noite, ou dia, ou tempo em que Cristo nossa Páscoa foi imolado [...]* Como também: *[...] Transbordando de alegria pascal [...].* Essas repetições são uma espécie de mantra (jaculatória) e servem para favorecer a nossa interiorização do mistério celebrado.

No primeiro prefácio, Jesus é evocado como o Cordeiro que tira o pecado do mundo. O outro mostra cada um de nós inseridos no Mistério Pascal de Cristo, por isso somos filhos da luz e as portas do Reino foram abertas para nós. O terceiro afirma que Jesus ofereceu-se por toda a humanidade e que, depois de morrer, não morre mais, pois vive para sempre. No quarto, temos a presença da temática da nova criação que se restaurou em Jesus, que venceu a corrupção do pecado. Finalmente, o quinto prefácio trata da oblação do corpo de Jesus, que é a síntese dos sacrifícios antigos, ou seja, do holocausto, da expiação e do banquete de comunhão. Em obediência ao Pai, tornou-se sacerdote, altar e Cordeiro: oferente e oferta.

Passaremos, agora, à meditação dos ciclos das leituras, pois, assim como nos outros tempos litúrgicos, tais ciclos são desenvolvidos em três anos.

ANO A

O *Segundo Domingo* da Páscoa traz como primeira leitura o texto de At 2,42-47. Esse texto mostra os frutos pascais presentes na *comunidade primitiva* de Jerusalém: todos viviam unidos, na oração e na partilha. A segunda lição é de 1Pd 1,3-9. É um hino batismal que bendiz a Deus pela obra regenerativa de Cristo, pois, pela sua ressurreição, Deus nos fez nascer de novo para uma esperança viva, para uma herança incorruptível. O Evangelho é o de João (20,19-31) e repete-se nos anos B e C, isso porque evoca o oitavo dia depois da ressurreição (Oitava de Páscoa), quando Jesus glorioso aparece a Tomé e dirige para nós aquela maravilhosa bem-aventurança: "Bem-aventurados os que creram sem terem visto" (20,29b). Nessa perícope, também, Jesus dá, através do sopro, o Espírito Santo aos apóstolos com o poder de perdoar os pecados. Portanto, dia de Páscoa já é Pentecostes. O Espírito Santo é dom pascal. Só poderemos dizer que Jesus ressurgiu nele.

O *Terceiro Domingo* traz na primeira leitura o discurso de Pedro no dia de Pentecostes (At 2,14.22-33), resumindo toda a história da salvação a partir de personagens do Antigo Testamento até chegar ao ponto da ressurreição de Cristo. O segundo texto é também de Pedro (1Pd 1,17-21) e alerta-nos para o nosso resgate, que veio não por coisas perecíveis, mas pelo precioso sangue de Cristo. No Evangelho de Lc 24,13-35, o episódio de Emaús, vê-se o Ressuscitado fazendo uma catequese de duas partes: a primeira no caminho, explicando as profecias que se ligavam aos acontecimentos pascais, a segunda em casa, no momento da partilha do pão. Vemos aqui, claramente, um fundamento bíblico para as duas partes da Santa Missa: Liturgia da Palavra e Liturgia Eucarística.

No *Domingo do Bom Pastor (Quarto)*, temos, na primeira leitura, a continuação do sermão de Pedro em Pentecostes (At 2,14a.36-41), desta vez afirmando a necessidade da conversão e do Batismo para que tenhamos a salvação. Aconteciam, portanto, as primeiras conversões. A Primeira Carta de Pedro (2,20b-25), apresentada como segunda lição, aconselha-nos a assumir os nossos sofrimentos, as nossas cruzes, com espírito de resignação, pois Jesus Cristo sofreu para nos dar o exemplo, e pelas suas feridas nós fomos curados. No final do texto, já faz menção à teologia do Pastor: "Andáveis como ovelhas desgarradas, mas agora voltastes ao pastor e guarda de vossas vidas" (v. 25). O Evangelho, tanto neste ciclo de leituras como nos anos B e C, traz o tema do Bom Pastor retirado de João (10,1-10; 10,11-18; 10,27-30, respectivamente), com nuances próprias: o pastor que defende suas ovelhas dos ladrões e mercenários; ele conhece as ovelhas pelo nome e estas o conhecem.

O *Quinto Domingo* traz, na primeira leitura, o texto de At 6,1-7, da instituição dos sete diáconos. Porque a comunidade pascal (primitiva) estava aumentando e os apóstolos não davam mais conta de servir às viúvas e às mesas; por isso, enquanto eles se preocupavam com a pregação da Palavra, os diáconos faziam o outro trabalho. Na segunda leitura, temos Pedro na sua primeira carta (2,4-9) tratando-nos como pedras vivas, edifício espiritual e sacerdócio santo. Por isso deveremos oferecer-nos a Deus como um verdadeiro sacrifício espiritual. O Evangelho de Jo 14,1-12 apresenta-nos Jesus como o Caminho a Verdade e a Vida, ou seja, disse para Filipe e a nós, hoje, que só se chega ao Pai por ele.

O *Sexto Domingo* tem como primeira leitura um texto dos Atos dos Apóstolos (8,5-8.14-17) que mostra Filipe na Samaria realizando muitos milagres em nome do Senhor ressuscitado. Pedro e João, por sua vez, oraram sobre o povo e pela imposição das mãos concederam-lhe o dom do Espírito Santo. Vemos aqui uma fundamentação bíblica para o sacramento da Crisma. A segunda lição de Pedro (1Pd 3,15-18) exorta--nos a santificar os nossos corações e à prática do bem. No Evangelho deste dia (Jo 14,15-21), Jesus já anuncia o seu retorno para o Pai, mas promete que não ficaremos órfãos, pois ele voltará a nós, juntamente com o Pai, ou seja, no Espírito Santo.

ANO B

No *Segundo Domingo da Páscoa*, deste ciclo de leituras, temos, na primeira leitura, o texto de At 4,32-35, que trata da união da comunidade pascal primitiva: um só coração e uma só alma, como da partilha dos bens materiais conforme a necessidade de cada um. Na segunda leitura, João, em sua primeira carta (5,1-6), evoca o tema da fé e do seguimento dos mandamentos. No seguimento é que somos amados e filhos de Deus. O Evangelho, como já dissemos anteriormente, é o mesmo para os três anos (Jesus e Tomé no oitavo dia após a ressurreição).

O *Terceiro Domingo* traz na primeira leitura, ainda, o discurso de Pedro (At 3,13-15.17-19), que lembra a glorificação de Jesus após sua morte ocasionada pelo povo da Antiga Aliança, propondo o arrependimento e a conversão para receberem o perdão de Deus. A carta de São João (1Jo 2,1-5a) segue nessa mesma reflexão: se pecarmos, temos um defensor, Jesus Cristo, a vítima de expiação. O Evangelho é a continuação da cena dos discípulos de Emaús (Ano A) (Lc 24,35-48). Jesus aparece novamente para mostrar aos dois discípulos que não era um fantasma, pois ele comeu o peixe assado na frente deles. Finalmente, explica: "Assim está escrito: 'O Cristo sofrerá e ressuscitará dos mortos ao terceiro dia, e no seu nome serão anunciados a conversão e o perdão dos pecados a todas as nações, começando por Jerusalém'. Vós sereis testemunhas de tudo isso" (Lc 24,46-48).

O *Quarto Domingo* continua trazendo a leitura contínua dos Atos dos Apóstolos (4,8-12), em que Pedro toma a palavra e diz que estão sendo interrogados por curarem enfermos. Afirma, porém, que é em nome de Jesus de Nazaré crucificado e ressuscitado que realiza todas as curas. Ele, que se tornou a pedra angular, do qual não há outra salvação. Na segunda leitura (1Jo 3,1-2), João afirma que desde já somos filhos de

Deus. A plenitude dessa filiação acontecerá quando Jesus voltar, no face a face. O Evangelho, como já dissemos, reflete o tema do Bom Pastor.

O *Quinto Domingo* deste ciclo de lições apresenta a figura de Saulo (Paulo), agora convertido e pregando Jesus Ressuscitado (At 9,26-31). Dele deu testemunho Barnabé. Saulo, portanto, ganhou a confiança dos apóstolos em Jerusalém e, depois, foi enviado para Tarso. A Igreja, no entanto, vivia em paz na Judeia, Samaria e Galileia, crescendo em número com a ajuda do Espírito Santo. Em seguida, João (1Jo 3,18-24), propõe-nos a fé no Filho de Deus e no seguimento ao seu mandamento, que é o AMOR. Neste domingo, temos a perícope evangélica da videira (Jo 15,1-8), ou seja, Jesus se apresenta como a verdadeira videira e o Pai, como o agricultor: nós somos os ramos que para dar frutos e continuar verdes devem permanecer unidos à videira, pois sem Jesus nada poderemos fazer.

O *Sexto Domingo* apresenta-nos a conversão do centurião Cornélio e a certeza de Pedro de que a salvação de Jesus Cristo é oferecida a todos, até mesmo aos pagãos, pois o Espírito Santo também descera sobre esses (At 10,25-26.34-35.44-48). A segunda leitura apresenta duas opções tiradas de 1Jo 4,7-10. Uma que evoca o amor que devemos ter para com o próximo e outra que segue a mesma linha teológica, incentivando-nos a permanecermos unidos a Deus pela proclamação de seu Filho. O Evangelho deste dia (Jo 15,9-17) também apresenta duas opções: na primeira, Jesus propõe-nos a vivência do novo mandamento: amar-nos mutuamente como ele nos amou, pois fomos escolhidos pelo Pai para produzir muitos frutos. Na segunda perícope, temos a oração de Jesus por nós: "Pai Santo, guarda-os em teu nome, o nome que me deste, para que eles sejam um, como nós somos um" (Jo 17,11b).

ANO C

Neste terceiro ciclo de leitura dos Domingos da Páscoa encontramos, no *Segundo Domingo*, assim como nos outros, texto do Livro dos Atos dos Apóstolos, agora com a narrativa dos primeiros dias após a ressurreição do Senhor (At 5,12-16): os cristãos cresciam em número, transportavam para as praças os doentes a fim de que mesmo a sombra de Pedro passando por eles pudesse curá-los. E todos ficavam bons de seus males. A segunda leitura (Ap 1,9-11a.12-13.17-19) mostra a visão de Jesus Ressuscitado por detrás dos sete candelabros de ouro, trajando veste branca com faixa, também de ouro, em volta do peito, e o próprio Jesus glorioso afirma: "Não tenhas medo. Eu sou o Primeiro e o Último, aquele que vive. Estive morto, mas agora estou vivo para sempre. Eu tenho a chave da morte e da região dos mortos" (Ap 1,17b-18). O Evangelho, como já dissemos anteriormente, é a cena de Tomé no cenáculo, para favorecer a cronologicidade do oitavo dia.

O Domingo seguinte, o *Terceiro*, continua o texto dos Atos dos Apóstolos, agora o capítulo 5 (27b-32.40b-41), que mostra os apóstolos diante do sinédrio sendo interrogados e afirmando a ressurreição do Senhor; eles receberam açoites e se alegraram por sofrerem injúrias por causa do nome de Jesus. A segunda leitura (Ap 5,11-14) traz a liturgia do céu: milhares e milhares de anjos, pessoas redimidas, os anciãos e os quatro seres vivos proclamando a glória de Deus, que se encontra sentado no trono, e a do Cordeiro Imolado, a eles o louvor e a honra, a glória e o poder para sempre. O Evangelho (Jo 21,1-19) proclama a terceira aparição do Ressuscitado, desta vez às margens do lago de Tiberíades. Jesus prepara peixe assado para os apóstolos e pão. Em seguida, por três vezes, dirige-se a Pedro sobre o amor que tem para com ele e o confirma como aquele que deve apascentar o seu rebanho. E isso Pedro faz até hoje através dos seus sucessores.

No *Quarto Domingo*, a lição dos Atos (13,14.43-52) apresenta Paulo e Barnabé na Sinagoga de Antioquia dirigindo a Palavra de Deus também aos pagãos, visto que os judeus não a recebiam de boa vontade. Na segunda leitura, Ap 7,9.14b-17, João contempla os santos no céu, uma multidão oriunda de todas as tribos, povos e línguas, trajando vestes brancas com palmas na mão. Um dos anciãos diz que eles vieram da grande tribulação e lavaram e alvejaram as suas vestes no sangue do Cordeiro, por isso prestam culto dia e noite diante do trono de Deus. O Cordeiro é o *pastor* que os conduzirá sempre para as fontes de água da vida. O Evangelho (Jo 10,27-30) evoca o tema do Bom Pastor, visto este Domingo já ser consagrado tradicionalmente à temática.

O *Quinto Domingo* continua, em sua primeira leitura, narrando a viagem de Paulo e Barnabé, agora a Listra, Icônio, Antioquia, Panfília,

Perge e Atália (At 14,21b-27). Cada vez mais as portas da salvação abriam-se aos pagãos. Neste dia temos como segunda leitura Ap 21,1-5a, no que se refere à visão da Cidade Santa. Só poderemos ter a certeza de um dia sermos seus moradores se formos inseridos na ressurreição do Senhor Jesus. Emprega-se muito bem para este dia o tradicional hino:

Eu vi a nova Jerusalém descer do céu de junto de Deus
Formosa como uma esposa adornada para seu esposo. (Refrão)

Eu vi a santa Cidade, a nova Jerusalém,
descer do céu de junto de Deus.

Não haverá mais morte, nem luto, nem choro, nem dor,
porque o mundo antigo passou.

Ela era bela como uma esposa adornada para seu esposo,
e ouvi uma voz no céu que dizia:

O Evangelho deste dia (Jo 13,31-33a.34-35) apresenta o momento em que Judas, o traidor, deixa o cenáculo e Jesus dá aos seus discípulos o novo mandamento: "Filhinhos, por pouco tempo estou ainda convosco. Eu vos dou um novo mandamento: amai-vos uns aos outros. Como eu vos amei, assim também vós deveis amar-vos uns aos outros. Nisto todos conhecerão que sois meus discípulos, se tiverdes amor uns aos outros" (Jo 13,33-35).

Finalmente, o *Sexto Domingo da Páscoa* traz como primeira leitura as resoluções do Concílio de Jerusalém (At 15,1-2.22-29): abstenção de carnes sacrificadas aos ídolos, do sangue das carnes de animais sufocados e das uniões ilegítimas. Vemos aí que um dos frutos da presença do Ressuscitado em sua Igreja é justamente a sua assistência contínua através do Espírito Santo. A Igreja é o corpo de Cristo Ressuscitado que vai crescendo conforme à sua vontade manifestada através das pessoas que ele mesmo escolheu, os apóstolos e seus sucessores. Para a segunda leitura, temos duas opções do Apocalipse de São João. Primeiramente, o texto da descrição da Jerusalém do Céu (21,10-14), que tem como fundamentos as doze tribos de Israel e os doze apóstolos do Cordeiro, que é a lâmpada que ilumina, dia e noite, esta cidade. Como segunda opção, apresenta-se Ap 21,22-23, que é a conclusão do Livro do Apocalipse: João, mais uma vez, escuta a voz do Ressuscitado dizendo: "Eis que venho em breve, trazendo comigo a minha recompensa, para retribuir a cada um segundo as suas obras. Eu sou o Alfa e o Ômega, o Primeiro e o Último, o Começo e o Fim" (Ap 22,12-13), concluindo com um grande *Maranatá*: VEM, SENHOR JESUS!" (Ap 22,20). No Evangelho, também temos dois textos a escolher. O primeiro é o de Jo 14,23-29, que trata da despedida de Jesus e da promessa da vinda do Espírito Santo. O outro, de Jo 17,20-26, apresenta a oração do Senhor pelos seus de então e por nós, que viemos depois daquela comunidade inicial, hoje. Jesus pede para que sejamos um, assim como ele e o Pai.

Como vemos, ao refletirmos as lições do Tempo Pascal, nelas encontramos algumas temáticas teológicas e catequéticas que se intercruzam e que vale a pena trazermos, agora, à tona. Vemos, claramente, que as leituras estão em íntima relação com a doutrina e atualidade dos sacramentos do Batismo e da Eucaristia. Aliás, esses são frutos da Páscoa e, para sermos inseridos nela, devemos recebê-los, pois um nos dá a filiação divina e uma grande dignidade e o outro nos alimenta, dando-nos força para viver o seguimento do Senhor até que ele volte. Tudo feito pela ação do Divino Espírito Santo. Ele é o dom da Páscoa, somente nele poderemos dizer que Jesus Cristo se tornou o nosso Senhor. No próprio dia de Páscoa o Ressuscitado oferece o Espírito para que os apóstolos possam perdoar os pecados. Esse tempo conclui-se na solenidade de Pentecostes, com o episódio da efusão do Espírito Santo, presente agora em toda a Igreja na função de santificar-nos, conduzir e lembrar tudo aquilo que Jesus fez e ensinou enquanto esteve neste mundo.

A dimensão mistagógica do Batismo é desenvolvida nesses Domingos pascais, como quis o Concílio Vaticano II. É importante, sobretudo nesse tempo, que todas as nossas catequeses desenvolvam nos cristãos, como também entre os catecúmenos, essa dimensão do mistério de Deus. Portanto, a mistagogia constitui-se a partir da ação da Igreja em guiar os seus filhos para dentro do mistério. A liturgia é uma grande fonte de mistagogia, pois os ritos e símbolos levam-nos à revelação do mistério de Deus e alimentam a nossa fé rumo ao encontro definitivo com ele.

Outro dado importante que nos advém da meditação das leituras do Tempo da Páscoa é o valor do DOMINGO como o Dia do Senhor por excelência. Aliás, esse dia foi consagrado por ele mesmo ao ressurgir dos mortos no primeiro dia da semana. As aparições do Ressuscitado dão-se nesse dia: oito dias depois da ressurreição (cf. Jo 20,19-20). A aparição no lago de Tiberíades e a confissão do amor de Pedro, tudo leva a crer ter sido nesse dia. Também encontramos essa menção no Apocalipse de São João: é no Dia do Senhor que o apóstolo tem essa visão. Nesse dia, o Ressuscitado aparece vestido de branco, com cinto de ouro na cintura, por detrás de sete candelabros, representando, assim, as sete Igrejas de então.

A comunidade cristã, primitiva e de todos os tempos, consagrou esse dia como sendo do Senhor e sempre se reuniu para a Sinaxe Dominical (Santa Missa). Em uma Apologia de São Justino, temos essa prova extrabíblica: no dia do sol, isto é, o domingo (na semana planetária – como em inglês, por exemplo: *Sunday*, ou em alemão: *Sonntag*), os cristãos se reuniam para ouvir a Palavra de Deus, as exortações daquele que presidia, fazer preces, partir o pão consagrado, e tudo se concluía com o grande AMÉM, como prova de adesão de todos (tal texto de São Justino é encontrado, na íntegra, na *Liturgia das Horas*, Ofício das Leituras, como lição patrística do Terceiro Domingo da Páscoa). Jesus Cristo é o nosso "Amém", por isso tal vocábulo é repetido, solenemente, ao final da *oração eucarística* em todas as Missas.

Vimos, ainda, a presença abundante de textos dos Atos dos Apóstolos durante todo esse tempo litúrgico, isso para ressaltar o querigma, o grande anúncio da morte e ressurreição de Cristo. Tal anúncio era o objeto da pregação apostólica e continua sendo o da nossa nos dias atuais, pois a maior verdade de fé e da história, que dá sentido à nossa vida e nos leva ao seguimento de Jesus, foi esta: Cristo Ressuscitou e nos resgatou para sempre. Se isso não tivesse acontecido, vã seria a nossa fé, como nos assevera o apóstolo Paulo. Portanto, o querigma é o primeiro anúncio de Jesus, antecede mesmo a catequese. Tal querigma levou muitos a se converterem ao ensinamento do Senhor, tanto nos primórdios como hoje. Portanto, é no Tempo Pascal que encontramos as primeiras conversões a partir do anúncio de Pedro, Paulo e os outros apóstolos.

Com esse tema do anúncio e testemunho do Ressuscitado através das nossas palavras e atitudes, chegamos à unidade dos cristãos, tão querida por Jesus e pedida, em oração insistente, ao Pai na véspera de sua Paixão: para que todos sejam um. E com essas motivações a Igreja vai-se encaminhando para o final do Tempo Pascal, que tem sua síntese nas solenidades da Ascensão do Senhor e de Pentecostes, objeto de nossas reflexões nos próximos capítulos. Antes, porém, vejamos, em forma de gráfico, como se organiza o Tempo Pascal no que se refere às lições ainda há pouco refletidas.

Leituras dos domingos do Tempo Pascal
(Ascensão e Pentecostes)

Domingos	Atos dos Apóstolos	O Apóstolo	O Evangelho
I. O Cristo ressuscitado	Comemos e bebemos com ele At 10,34a.37-43	Buscai as coisas do alto Cl 3,1-4 ou Ser massa nova 1Cor 5,6-8	Pela manhã: Jesus devia ressurgir dos mortos Jo 20,1-9 À tarde: E o reconheceram na fração do pão Lc 24,13-35 (onde se celebra a missa vespertina) ou Evangelho da Vigília Pascal
II. A comunidade daqueles que creem no Cristo morto e ressuscitado Domingo de Tomé	A. A comunidade dos crentes At 2,42-47 B. Um só coração e uma só alma At 4,32-35 C. O crescimento da comunidade At 5,12-16	A. Jesus ressuscitado, nossa regeneração 1Pd 1,3-9 B. Nascido de Deus e vencedor do mundo 1Jo 5,1-6 C. Cristo morto, mas vivo para sempre Ap 1,9-11a.12-13.17-19	A. Jesus aparece à tarde do domingo Jo 20,19-31 B. Idem C. Idem

III. O Cristo ressuscitado aparece aos seus	A. Discurso de Pedro: o Cristo ressuscitado At 2,14-28	A. Libertos pelo sangue do Cordeiro 1Pd 1,17-21	A. E o reconheceram na fração do pão Lc 24,13-35
	B. Discurso de Pedro: o Cristo morto e ressuscitado At 3,13-15.17-19	B. Jesus, vítima pelos nossos pecados 1Jo 2,1-5	B. Cristo aparece e come peixe Lc 24,35-48
	C. Discurso de Pedro: os apóstolos, testemunhas da ressurreição At 5,27b-32.40b-41	C. O Cordeiro imolado recebe poder e riqueza Ap 5,11-14	C. Pedro, pescador e pastor Jo 21,1-19
IV. O bom Pastor	A. Discurso de Pedro: o Cristo ressuscitado e glorioso At 2,14a.36-41	A. Curados de suas chagas e convertidos ao Pastor 1Pd 2,20-25	A. Cristo, porta das ovelhas Jo 10,1-10 B. O bom Pastor dá a vida pelas ovelhas Jo 10,11-18
	B. Discurso de Pedro: fora de Cristo não há salvação At 4,8-12	B. Tornamo-nos filhos de Deus 1Jo 3,1-12	
	C. Discurso de Paulo e Barnabé: dirigimo- -nos aos pagãos At 13,14.43-52	C. O Cordeiro Pastor que guia às fontes das águas Ap 7,9.14b-17	C. Cristo dá a vida eterna às suas ovelhas Jo 10,27-30
V. Os ministérios	A. Eleição de sete homens cheios do Espírito Santo At 6,1-7	A. Vós sois estirpe esco- lhida, sacerdócio real 1Pd 2,4-9	A. Cristo, caminho, verdade e vida Jo 14,1-12
	B. Paulo apresentado por Barnabé à comunidade At 9,26-31	B. Permanecer em Deus exige amor pelos outros 1Jo 3,18-24	B. Permanecer em Cristo para produzir frutos Jo 15,1-8
	C. Paulo e Barnabé constituem os anciãos At 14,21-27	C. A nova Jerusalém Ap 21,1-5	C. O mandamento novo: amar-se uns aos outros Jo 13,31-33a.34-35

VI. Expansão da comunidade	A. Imposição das mãos e dom do Espírito At 8,5-8.14-17 B. O Espírito é dado também aos pagãos At 10,25-48 C. Nenhuma outra obrigação além do necessário At 15,1-29	A. Cristo morto e ressuscitado, nossa esperança 1Pd 3,15-18 B. Deus nos amou e mandou seu Filho 1Jo 4,7-10 C. A Cidade Santa que desce do céu Ap 21,10-14.22-23	A. Promessa de um outro consolador Jo 14,15-21 B. Dar a vida pelos amigos: prova de amor Jo 15,9-17 C. O Espírito Santo vos ensinará tudo Jo 14,23-29
Ascensão	A. Narração da Ascensão At 1,1-11 B. Idem C. Idem	A. Cristo sentado à direita do Pai Ef 1,17-23 B. Idem C. Idem	A. Todo o poder dado ao Cristo no céu e na terra Mt 28,11-20 B. Cristo sentado à direita do Pai Mc 16,15-20 C. Cristo levado ao céu Lc 24,46-53
Pentecostes	Ficaram todos cheios do Espírito Santo At 2,1-11	Batizados num só Espírito para formar um só corpo 1Cor 12,3b-7.12-13	Recebei o Espírito... eu vos envio Jo 20,19-23

A solenidade da Ascensão do Senhor

Na solenidade da Ascensão do Senhor, celebrada no Brasil no Sétimo Domingo da Páscoa, comemoramos o destino último do homem. Jesus Ressuscitado, sendo Deus e homem como nós, eleva para junto do Pai a nossa natureza humana, assim ganhamos uma incomparável dignidade. Essa temática é apresentada, claramente, na oração do dia, que diz:

> Ó Deus todo-poderoso, a ascensão do vosso Filho já é nossa vitória. Fazei-nos exultar de alegria e fervorosa ação de graças, pois, membros de seu corpo, somos chamados na esperança a participar da sua glória.

Vejamos que a primeira parte da oração é afirmativa. Somos vitoriosos pela ascensão do Senhor, por isso devemos dar graças pela certeza de já participar de sua glória.

A antífona de entrada é retirada do texto da primeira leitura, que trata justamente desse episódio. As palavras do Anjo da Ascensão para os apóstolos: "Homens da Galileia, por que estais admirados, olhando para o céu? Este Jesus há de voltar, do mesmo modo que o vistes subir, aleluia!" (At 1,11)

A primeira leitura é, justamente, a narrativa da ascensão do Senhor dos Atos dos Apóstolos (1,1-11). O livro se inicia com esta cena e é dedicado a Teófilo, ou seja, a todos aqueles que são amigos e amigas de Deus. O primeiro livro é o próprio Evangelho de Lucas, que também traz o fato. O autor sente a necessidade de reafirmar este mistério da vida de Jesus Cristo e o narra com todos os detalhes. Afirma que Jesus se mostrou vivo durante quarenta dias após a sua gloriosa ressurreição, dando instruções aos apóstolos através do Espírito Santo. Que durante uma refeição pediu para que não se afastassem de Jerusalém até receberem a força do alto que o Pai enviaria. Tal força era o próprio Espírito, que iria fortalecer os discípulos e a nós, hoje, para sermos as testemunhas da ressurreição do Senhor até os confins da terra. E tendo sido elevado para os céus, uma nuvem o envolveu. Agora, resta aos discípulos e a nós trabalhar, descer da montanha para o dia a dia, pois Jesus voltará e vai recompensar-nos conforme nossas obras.

O Salmo Responsorial é o 46(47), que porta versículos que evocam o mistério celebrado, como o v. 6: "Por entre aclamações Deus se elevou, o Senhor subiu ao toque da trombeta", que também faz as vezes de antífona.

Tanto para a segunda leitura como para o Evangelho, temos três lições propostas conforme o ciclo das leituras: A, B ou C. Para o Ano A, a liturgia nos apresenta a carta de São Paulo aos Efésios 1,17-23, que afirma a grandeza de Deus a partir da ressurreição de Cristo, fazendo-o sentar-se à sua direita nos céus, pois ele é a cabeça da Igreja. O Evangelho traz a narrativa da ascensão conforme Mt 28,16-20: Jesus, no monte, envia os onze discípulos a evangelizarem pelo mundo inteiro, garantindo-lhes sua presença até o fim do mundo.

Para o Ano B, a segunda leitura provém, agora, de Ef 4,1-13: Paulo exorta-nos para a humildade e mansidão, suportando-nos uns aos outros com paciência e amor, pois há um só corpo, um só Espírito, um só batismo, um só Pai de todos. Assim, a unidade deverá ser garantida. Mesmo Jesus Ressuscitado tendo sido elevado aos céus, a sua Igreja, que é sinal de sua presença, deverá permanecer na unidade, como ele e o Pai são um. Desse modo, foram instituídos os carismas de apóstolos, profetas, evangelistas, pastores e mestres. Todos a serviço uns dos outros para a edificação do corpo de Cristo. No Evangelho, temos o texto de Mc 16,15-20. Aqui também Jesus envia os onze a anunciar o Evangelho a fim de que os que crerem e forem batizados sejam salvos. Os sinais que acompanharão os pregadores são: expulsarão demônios, falarão novas línguas, nem serpentes nem venenos lhes farão mal algum, os doentes ficarão curados pela imposição de suas mãos. Depois de ter dito isso, foi levado ao céu e sentou-se à direita de Deus.

O Ano C apresenta para segunda leitura o texto da Carta aos Hebreus 9,24-28; 10,19-23, que mostra Jesus entrando de uma vez por todas no santuário dos céus. Ele agora é o sumo sacerdote constituído a nosso favor. Ele nos abriu um caminho novo e vivo. Devemos, portanto, aproximar-nos dele com o coração purificado, continuando firmes na esperança, pois ele é fiel às suas promessas. O Evangelho traz a perícope da ascensão narrada por Lc 24,46-53. Jesus convoca-nos a testemunhar a sua ressurreição, prometendo à sua Igreja o Espírito Santo que nos impulsionará ao anúncio do Evangelho. Enquanto abençoava os discípulos, foi levado para o céu. E os discípulos voltaram alegres para Jerusalém, estando sempre no templo, bendizendo a Deus.

A oração sobre as oferendas trata da comunhão de dons entre o céu e a terra. Que a ascensão de Jesus possa também nos elevar com ele à Pátria celeste.

A liturgia nos apresenta dois prefácios, sendo o primeiro para o dia da Ascensão do Senhor e um segundo para a semana entre esta solenidade e o dia de Pentecostes. Vejamos os dois:

Prefácio da Ascensão 1:

[...] Vencendo o pecado e a morte, vosso Filho Jesus, Rei da glória, subiu (hoje) ante os anjos maravilhados ao mais alto dos céus. E tornou-se o mediador entre vós, Deus, nosso Pai, e a humanidade redimida, juiz do mundo e senhor do universo. Ele, nossa cabeça e princípio, subiu aos céus, não para afastar-se de nossa humildade, mas para dar-nos a certeza de que nos conduzirá à glória da imortalidade [...]

Prefácio da Ascensão 2:

[...] Ele, após a ressurreição, apareceu aos discípulos e, à vista deles, subiu aos céus, a fim de nos tornar participantes da sua divindade [...]

Vemos, assim, que os dois prefácios propostos colocam-nos inseridos no mistério da Ascensão do Senhor. Ele é o nosso eterno mediador e nos conduzirá à glória da imortalidade, tendo, depois de sua ressurreição, aparecido aos apóstolos e às pessoas escolhidas para provar a veracidade do fato, e subindo aos céus faz-nos participantes de sua glória e divindade.

Tanto a antífona de comunhão como a oração seguinte portam textos de consolo e confiança: "Eis que estou convosco todos os dias, até o fim dos tempos" (Mt 28,20). A oração pede a Deus que os nossos corações se voltem para o alto, onde já está junto dele a nossa humanidade. Essa oração nos consola e garante a vida eterna para aqueles que buscam seguir os preceitos do Senhor.

A *Liturgia das Horas* para este dia traz textos bem apropriados, na sua maioria de inspiração bíblica, referentes ao tema da celebração. Para as Primeiras Vésperas temos as seguintes antífonas para os Salmos 122 e 116 respectivamente, como também para o cântico de Ap 11:

Antífona 1:

Saí do Pai e vim ao mundo;
Deixo o mundo e vou ao Pai. Aleluia.

Antífona 2:

O Senhor Jesus Cristo falou com os seus pela última vez;
Elevou-se aos céus e sentou-se à direita de Deus. Aleluia.

Antífona 3:

Ninguém jamais subiu ao céu, senão quem do céu desceu:
O Filho do Homem, que é do céu. Aleluia.

A leitura breve retirada de Ef 2,4-6 mostra a riqueza da misericórdia de Deus que nos salvou de maneira gratuita pela ressurreição de Cristo. E nós nele, também, ressuscitaremos e nos sentaremos nos céus. O responso breve vem do Sl 46: "Por entre aclamações Deus se elevou, aleluia, aleluia. O Senhor subiu ao toque da trombeta". O cântico evangélico apresenta a oração de Jesus por nós: "Meu Pai, revelei o teu nome àqueles os quais tu me deste. Agora eu te peço por eles; não peço, porém, pelo mundo, pois venho a ti, aleluia".

Para as *Laudes* temos um hino com a temática bem inserida no mistério da Ascensão do Senhor. Vejamos:

Esperado com ânsia por todos,
Hoje o dia sagrado brilhou
Em que Cristo, esperança do mundo,
Deus e homem, ao céu se elevou.

Triunfou sobre o príncipe do mundo,
Vencedor num combate gigante,
E apresenta a Deus Pai, no seu rosto,
Toda a glória da carne triunfante.

Dos fiéis ele é a esperança,
Numa nuvem de luz elevado,
E de novo abre aos homens o céu
Que seus pais lhes haviam fechado.

Ó imensa alegria de todos,
Quando o Filho que a Virgem gerou,
Logo após o flagelo e a cruz,
À direita do pai se assentou.

Demos graças a tal defensor
Que nos salva, que vida nos deu,
E consigo no céu faz sentar-se
Nosso corpo no trono de Deus.

Com aqueles que habitam o céu
Partilhamos tão grande alegria.
Cristo a eles se deu para sempre,
Mas conosco estará cada dia.

Cristo, agora elevado às alturas,
Nossa mente convosco elevai,
E, do alto, enviai-nos depressa
Vosso Espírito, o Espírito do Pai.

Vemos que toda a temática do hino se desenvolve em torno da relação Cristo e nós. Sendo da nossa natureza, o Salvador elevou a nossa carne em seu corpo e a colocou à direita do Pai. Assim, neste dia da Ascensão do Senhor celebramos, também, a nossa grandeza, ou seja, a nossa dignidade de filhos recuperada por Cristo pelo mistério da sua Paixão, Morte, Ressurreição e Ascensão ao mais alto do céu.

As antífonas para os salmos das *Laudes* vão nessa mesma linha, sempre cantando a elevação de Jesus para junto do Pai em meio às alegrias dos anjos e dos elementos cósmicos: nuvem, trovão, trombeta, cânticos... A leitura breve de Hb 10 afirma que Jesus, após ter realizado o seu único sacrifício, sentou-se de uma vez por todas à direita de Deus. O cântico do *Benedictus* tem como antífona o seguinte texto: "Eu subo ao meu Pai e vosso Pai, ao meu Deus e vosso Deus, aleluia". Assegurando-nos que esse mesmo destino será, um dia, realizado em nós na plenitude da graça.

As Segundas Vésperas, também, trazem um hino apropriado com antífonas bíblicas em torno do acontecimento celebrado. Interessante meditar a antífona para o *Magnificat*: "Jesus, ó Rei da glória, Senhor do universo, que, HOJE glorioso, subistes para os céus: mandai-nos vosso Espírito Prometido pelo Pai e não nos deixeis órfãos. Aleluia". Como vemos, aparece o vocábulo *hoje* como motivação para a atualização do acontecimento e pede o envio do Paráclito conforme a promessa de Jesus e do Pai.

Por isso mesmo, entre o dia da Ascensão e Pentecostes, por toda uma semana, a Igreja faz orações especiais pela unidade dos cristãos, pois uma das funções do Espírito Santo é garantir a unidade. Com uma liturgia própria de preparação para a vinda do Paráclito, ela (a Igreja) nos apresenta textos apropriados para a Missa e, no Ofício de Vésperas, por toda essa semana, canta o *Veni Creator Spiritus [...]* (Vinde, Espírito Criador [...]). Os responsos breves e as antífonas para o cântico do *Magnificat* também tratam da vinda do Consolador.

Reflitamos, agora, sobre a solenidade de Pentecostes, que encerra o ciclo da Páscoa.

A celebração de Pentecostes

A solenidade de Pentecostes no oitavo Domingo depois da Páscoa e na conclusão das sete semanas pascais encerra esse tempo como que coroando a celebração da redenção do Senhor, visto que só poderemos dizer que Jesus ressuscitou dos mortos no Espírito Santo. Aliás, no próprio dia de Páscoa Jesus já dá o Espírito aos apóstolos amedrontados. Por isso mesmo o Evangelho da Missa do dia é o mesmo do dia de Páscoa, isso para garantir a unidade desse tempo sagrado.

O *Missal Dominical* (s. d., p. 470) diz:

A solenidade de Pentecostes celebra um acontecimento capital para a Igreja: a sua apresentação no mundo, o nascimento oficial com o batismo no Espírito. Complemento da Páscoa, a vinda do Espírito sobre os discípulos manifesta a riqueza da vida nova do Ressuscitado no coração e na atividade dos discípulos; início da expansão da Igreja e princípio da sua fecundidade, ela se renova misteriosamente hoje para nós, como em toda assembleia eucarística e sacramental, e, de múltiplas formas, na vida das pessoas e dos grupos até o fim dos tempos. A "plenitude" do Espírito é a característica dos tempos messiânicos, preparados pela secreta atividade do Espírito de Deus que "falou por meio dos profetas" e inspira em todos os tempos os atos de bondade, justiça e religiosidade dos homens, até que encontrem em Cristo o seu sentido definitivo.

Como vemos, o Espírito de Deus trabalha sempre em nossos corações e sua função principal é conduzir-nos ao convívio trinitário; por isso mesmo ele vem em nosso socorro, vem orar em nós e relembrar-nos de tudo aquilo que Jesus fez e disse para que possamos ser suas testemunhas até os confins do mundo, mesmo com a própria vida se preciso for.

Iniciaremos nossas reflexões pela *celebração eucarística*, que propõe dois formulários eucológicos (fórmulas de orações), como também para o Lecionário: a Missa da Vigília e a Missa do Dia.

A Missa da Vigília traz a seguinte antífona de entrada: "O amor de Deus foi derramado em nossos corações pelo Espírito que habita em nós, aleluia!". Para *oração do dia* temos duas opções. Vejamos:

Oração do Dia 1:

Deus eterno e todo-poderoso, quiseste que o mistério pascal se completasse durante cinquenta dias, até a vinda do Espírito Santo. Fazei que todas as nações dispersas pela terra, na diversidade de suas línguas, se unam no louvor do vosso nome.

Oração do Dia 2:

Concedei-nos, ó Deus onipotente, que brilhe sobre nós o esplendor da vossa claridade, e o fulgor da vossa luz confirme, com o dom do Espírito Santo, aqueles que renasceram pela vossa graça.

Observamos que as duas orações colocam-nos dentro do tema da celebração de Pentecostes. A primeira evoca os cinquenta dias, ou seja, sete semanas, como um número bíblico de plenitude. Aliás, esta solenidade é a plenitude da Páscoa. Pede, ainda, a unidade de todas as nações mesmo na diversidade das línguas. A segunda evoca a luz, a claridade do Senhor, que é o próprio Espírito Santo, a fim de que venha confirmar todos os que foram renascidos no Batismo. Em seguida, a Liturgia propõe quatro lições do Antigo Testamento, que antecedem a segunda leitura dessa celebração. São elas: Gn 11,1-9, cujo texto narra o episódio da Torre de Babel. Todos sabem que Deus confundiu a humanidade pela variedade das línguas, no momento que o homem quis construir uma torre que pudesse chegar aos céus e se igualar ao Criador. A vinda do Espírito Santo faz justamente o contrário: todos se entendem na diversidade das línguas. Como segunda proposta, temos o texto de Ex 19,3-8a.16-20b, que trata da Aliança do Sinai. Moisés sobe à montanha e lá escuta de Deus que, se o povo ouvir a sua voz e guardar a sua Aliança, tornar-se-á uma porção escolhida, um reino de sacerdotes e uma nação santa. O povo concordou e, ao terceiro dia, logo ao raiar da manhã, houve trovões e relâmpagos. Uma nuvem cobriu a montanha e um forte som de trombeta se fez ouvir. A montanha fumegava porque o Senhor desceu sobre ela no fogo. A Nova Aliança, feita no Espírito Santo, também é selada no fogo que como línguas ardentes aparece sobre Nossa Senhora e os apóstolos no dia de Pentecostes. O terceiro texto proposto vem do profeta Ezequiel (37,1-14): trata da visão das ossadas ressequidas que ganham nova vida, revigoram-se mediante o sopro de Deus. O Senhor promete abrir as nossas sepulturas e infundir em cada um o Espírito de vida. Finalmente, o quarto texto sugerido para a primeira leitura vem do profeta Joel (3,1-5), que traz a profecia da não distinção de pessoas na recepção do Espírito de Deus. Este pousará sobre jovens e velhos. Todos profetizarão, e os que invocarem o nome do Senhor serão salvos. Em seguida, cantamos, como Salmo Responsorial, o Sl 103, que evoca toda criação e a grandiosidade de seu Criador. A sua antífona é retirada do versículo 3: "Enviai o vosso Espírito, Senhor, e da terra toda face renovai". Deus é mostrado como grande em suas obras, majestoso, iluminado, sábio e cheio de misericórdia, pois, além de renovar a face da terra, providencia alimentos para suas criaturas.

A segunda leitura é o texto da Carta aos Romanos (8,22-27), que reflete sobre a criação que geme. E nós, que já temos os primeiros frutos do Espírito, aguardamos a adoção filial e a libertação de nosso corpo. O Espírito vem em socorro de nossa fraqueza, pois não sabemos o que pedir, pois é ele que intercede em nosso favor e que penetra o íntimo de nossos corações. A aclamação ao Evangelho evoca o Divino Espírito sobre os fiéis para que seja aceso o fogo do seu amor dentro de todos os homens e mulheres que buscam o Senhor.

O Evangelho da Missa da Vigília lembra Jesus na festa das Tendas. Nesse período, os sacerdotes subiam à fonte de Siloé, pela manhã, para buscar água, que levavam para o templo em cântaros de ouro. Jesus observando esse rito diz: "Se alguém tem sede, venha a mim, e beba quem crê em mim – conforme diz a Escritura: 'Do seu interior correrão rios de água viva'" (Jo 7,37b-38). São João explica que Jesus falava do Espírito Santo, que deviam receber aqueles que tivessem fé nele.

A Missa do Dia apresenta dois formulários para a antífona de entrada. O primeiro diz: "O Espírito do Senhor encheu o universo; ele mantém unidas todas as coisas e conhece todas as línguas, aleluia!". A segunda proposta é a mesma da Missa da Vigília.

A *oração do dia*, muito solene e completa, evoca o mistério litúrgico celebrado e pede ao Senhor que derrame sobre o mundo inteiro os dons do Espírito Santo. Assim diz:

Ó Deus que, pelo mistério da festa de hoje, santificais a vossa Igreja inteira, em todos os povos e nações, derramai por toda a extensão do mundo os dons do Espírito Santo, e realizai agora nos corações dos fiéis as maravilhas que operastes no início da pregação do Evangelho.

Vemos, ainda, a universalidade da oração e que o Espírito que vem sempre em nosso socorro é o mesmo do início da Igreja. Resta-nos abrir os nossos corações e com coragem e confiança testemunhar o Ressuscitado para que os seus prodígios possam concretizar-se neste mundo da sociedade do espetáculo e da aparência em que estamos inseridos.

A primeira leitura vem de At 2,1-11 e traz a cena histórica do Pentecostes de Jerusalém. Todos estavam reunidos no mesmo lugar e o Espírito do Senhor manifestou-se em forma de vento e fogo no local. Todos ficaram cheios do Espírito Santo e começaram a falar em outras línguas, ou seja, todos aqueles estrangeiros que estavam na cidade naquele dia: habitantes da Mesopotâmia, da Judeia, da Capadócia, do Ponto e da Ásia, da Frígia e da Panfília, do Egito e da parte da Líbia próxima de Cirene, e ainda os romanos, judeus, prosélitos e árabes. Todos escutavam as maravilhas de Deus em suas próprias línguas. Portanto, o oposto do episódio de Babel. *O Espírito de Deus sempre busca a unidade.* Lembramos aqui do belo cântico para a Missa de Pentecostes do grande compositor sacro Reginaldo Veloso:

> Perseveravam todos unidos em oração
> Os doze Apóstolos com Maria e os irmãos.
> Chegado o dia de Pentecostes
> Veio um tremor.
> E de repente o Santo Espírito os animou!

O Salmo Responsorial é o mesmo da Missa da Vigília, Sl 103, e com as mesmas motivações já refletidas. Para a segunda leitura, a liturgia propõe três textos para escolha, conforme o ciclo de leituras (anos A, B e C). O primeiro é retirado de 1Cor 12,3b-7.12-13, que diz que só poderemos dizer que Jesus Cristo é Senhor no Espírito Santo. Há diversidade de carismas, mas um só é Deus que dá seus dons para cada um e conforme a necessidade da comunidade, e formamos um só corpo porque fomos batizados no único Espírito, por isso não há judeus ou gregos, escravos ou livres, pois todos são iguais perante Deus. O outro texto é de Gl 5,15-25 e reflete sobre o dualismo carne e espírito. Quem vive da carne, praticando a fornicação, a libertinagem, a devassidão, a idolatria, a feitiçaria, as inimizades, as contendas, os ciúmes, as iras, as intrigas, as discórdias, as facções, invejas, bebedeiras e orgias, não herdará o Reino de Deus. Por outro lado, os que praticam e têm os frutos do Espírito – a caridade, a alegria, a paz, a longanimidade, a benignidade, a bondade, a lealdade, a mansidão, a continência –, esses estarão em Deus. Finalmente, como uma terceira opção, temos o texto de Rm 8,8-17, que diz que todos aqueles que se deixam conduzir pelo Espírito de Deus são filhos de Deus, portanto devemos viver conforme o Espírito e não segundo a carne. O Espírito de Deus une-se ao nosso e seremos co-herdeiros de Cristo, pois, se sofrermos com ele, com ele seremos glorificados.

Logo após a segunda leitura deve-se entoar a sequência de Pentecostes. Um texto poético que evoca a vinda do Espírito Santo sobre a Igreja e sua função benéfica sobre os fiéis. Eis o texto:

Espírito de Deus, enviai dos céus um raio de luz!
Vinde, Pai dos pobres, dai aos corações vossos sete dons.
Consolo que acalma, hóspede da alma, doce alívio, vinde!
No labor descanso, na aflição remanso, no calor aragem.
Enchei, luz bendita, chama que crepita, o íntimo de nós!
Sem a luz que acode nada o homem pode, nenhum bem há nele.
Ao sujo lavai, ao seco regai, curai o doente.
Dobrai o que é duro, guiai no escuro, o frio aquecei.
Dai à vossa Igreja, que espera e deseja, vossos sete dons.
Dai em prêmio ao forte uma santa morte, alegria eterna. Amém.

Em seguida, canta-se o "Aleluia pascal" com o seguinte versículo para aclamação ao Evangelho: "Vinde, Espírito Divino, e enchei com vossos dons os corações dos fiéis; e acendei neles o amor como um fogo abrasador".

O Evangelho deste dia, como já dissemos, é o mesmo do dia de Páscoa (Jo 20,19-23), ou seja, Jesus presente no meio dos apóstolos mesmo com as portas fechadas, mostrando-lhes as mãos e o lado com as marcas gloriosas da Paixão. Desejando a paz, dom da Páscoa e, ainda, soprando sobre eles para que recebessem o Espírito Santo e o poder de perdoar os pecados. Assim, vemos a unidade do Tempo Pascal como um único acontecimento que tem sua plenitude com a vinda do Espírito Santo, de maneira discreta, aos onze apóstolos no dia de Páscoa, e na história, de modo universal, cinquenta dias depois da ressurreição. Há, também, outras sugestões de textos para o Evangelho quando ocorrem os anos B e C. Temos, portanto, Jo 15,26-27; 16,12-15, mostrando que o Espírito da verdade encaminhará a todos para a verdade completa. Jesus, assim, promete o Defensor. O outro texto vem de Jo 14,15-16.23b-26, trazendo a mesma temática: quem ama o Senhor guardará suas palavras e ele enviará o Defensor, o Espírito que o Pai enviará em seu nome para recordar tudo o que ele havia dito.

O prefácio traz em seu centro o resumo da festa de hoje. Assim se expressa:

> Para levar à plenitude os mistérios pascais, derramastes, HOJE, o Espírito Santo prometido, em favor de vossos filhos e filhas. Desde o nascimento da Igreja, é ele que dá a todos os povos o conhecimento do verdadeiro Deus; e une, numa só fé, a diversidade das raças e línguas. Por essa razão, transbordamos de alegria pascal [...].

A oração sobre as ofertas e a que vem depois da comunhão pedem ao Espírito Santo que possamos compreender melhor o santo Sacrifício, conservando em nós esta graça recebida, a fim de que possam crescer os dons do Espírito Santo em nosso interior. A antífona de comunhão afirma que "todos ficaram cheios do Espírito Santo, e proclamavam as maravilhas de Deus".

Para a bênção final solene temos o seguinte texto:

- Deus, o Pai das luzes, que (HOJE) iluminou os corações dos discípulos, derramando sobre eles o Espírito Santo, conceda-vos a alegria da sua bênção e a plenitude dos dons do mesmo Espírito. Amém.

- Aquele fogo, descido de modo admirável sobre os discípulos, purifique os vossos corações de todo mal e vos transfigure em sua luz. Amém.

- Aquele que na proclamação de uma só fé reuniu todas as línguas, faça-vos perseverar na mesma fé, passando da esperança à realidade. Amém.

Não se poderá esquecer que neste dia a despedida da Santa Missa se faz da mesma forma que na Vigília Pascal, no dia de Páscoa e na sua Oitava, ou seja, acrescentando-se dois "aleluia": "Ide em paz e o Senhor vos acompanhe, aleluia, aleluia! Graças a Deus, aleluia, aleluia!".

Antes de iniciar as nossas reflexões sobre os textos da *Liturgia das Horas* para a solenidade hodierna, vejamos a riqueza litúrgica da última *oração do dia* do Tempo Pascal que antecede ao dia de Pentecostes, ou seja, a do sábado pela manhã: "Concedei-nos, Deus todo-poderoso, conservar sempre em nossa vida e nossas ações a alegria das festas pascais que estamos para encerrar". Como vemos, a liturgia pede que as alegrias da Páscoa perdurem por toda a nossa vida, em todos os momentos, mesmo naqueles mais tristes, pois aqueles que têm fé no ressuscitado vivem sempre na alegria pascal. E, ainda, anuncia a finalização deste tempo litúrgico. Vejamos, agora, as Primeiras Vésperas de Pentecostes, que se iniciam com o hino *Veni Creator Spiritus*, em latim ou na língua portuguesa. Pede que o Espírito Santo venha visitar as nossas almas e encher os nossos corações com seus dons celestiais. Ele, que é intercessor, fogo, amor, unção, prometido do Pai, venha dar-nos seus sete dons, iluminar as nossas mentes, encorajar-nos no anúncio do Evangelho, conceder a sua paz e livrar-nos de todos os males. As antífonas para os salmos e cântico são as seguintes:

Antífona 1:

Chegando o dia de Pentecostes,
Cinquenta dias depois da Páscoa,
Estavam todos eles reunidos. Aleluia.

Antífona 2:

Línguas de fogo apareceram e pousaram sobre eles;
E recebeu cada um deles o Espírito de Deus. Aleluia.

Antífona 3:

O Espírito que procede do meu Pai
Haverá de me dar glória. Aleluia.

A leitura breve é de Rm 8,11, que trata da ressurreição de Jesus e do Espírito que habita em nós. O responso breve afirma que o Espírito Santo ensinar-nos-á todas as coisas e a antífona para o cântico evangélico evoca: "Vinde, Espírito de Deus, e enchei os corações dos fiéis com vossos dons! Acendei neles o amor como um fogo abrasador! Vós que unistes tantas gentes, tantas línguas diferentes numa fé, na unidade e na mesma caridade. Aleluia". Como vemos, a antífona resume os aspectos principais dessa celebração.

As *Laudes* possuem um hino bem apropriado:

Na órbita do ano,
De fogo a flor viceja,
O Espírito Paráclito
Descendo sobre a Igreja.

Da língua a forma assumem
As chamas eloquentes:
Na fala sejam prontos,
Na caridade, ardentes.

Já todos falam línguas
De todas as nações,
Que embriaguez presumem
As santas efusões.

Tais coisas sucederam
Após a Páscoa santa:
Não mais a do temor,
A lei do amor se implanta.

E agora, Deus piedoso,
Pedimos-vos inclinados,
Dos dons do vosso Espírito
Na terra derramados.

Enchei os corações
Da graça que redime.
Senhor, dai-nos a paz,
Perdoai o nosso crime.

Louvor ao Pai e ao Filho,
E ao Espírito também:
Que o Filho envie o dom
Do Espírito Santo. Amém.

Como se observa, o hino acima retrata, claramente, o episódio de Pentecostes e a sua teologia, relacionando o momento com a festa da Páscoa e com os dons do Espírito, sobretudo a caridade e a paz. A antífona para o cântico do *Magnificat* também é muito apropriada e inspirada no Evangelho do dia da ressurreição, quando Jesus dá autoridade aos apóstolos de exercerem o ministério do perdão dos pecados: "Recebei o Espírito Santo: a quem perdoais os pecados, os pecados estão perdoados. Aleluia".

As Segundas Vésperas trazem o mesmo hino das primeiras com antífonas apropriadas, inspiradas na narrativa de At 2. A leitura breve foi retirada de Ef 4,3-6 e trata da unidade da Igreja em relação às Pessoas Divinas: há um só Senhor, um só Deus e Pai, um só Espírito e um só corpo. O cântico evangélico do *Magnificat* apresenta a seguinte antífona:

Chegou HOJE o grande dia do sagrado Pentecostes, aleluia; HOJE o Espírito de Deus apareceu como um fogo aos discípulos e lhes deu os seus carismas, os seus dons mais variados, enviou-os pelo mundo, testemunhas do Evangelho: o que crer e receber o batismo do Senhor será salvo, aleluia.

Vemos que o texto traz em si como que o fechamento do mistério celebrado e, ao mesmo tempo, abre as portas do coração dos batizados para testemunharem o Ressuscitado sempre com a força do Espírito Santo.

Assim como na Missa, à despedida também se deve acrescentar dois "aleluias".

- Bendigamos ao Senhor, aleluia, aleluia!
- Graças a Deus, aleluia, aleluia!

Finalizado o Tempo Pascal, deve-se apagar o Círio e guardá-lo nos batistérios das igrejas que os têm, com toda reverência, a fim de ser usado na administração do sacramento do Batismo ou nas exéquias.

Inspirado no folheto *O DOMINGO*,[1] sugerimos o seguinte rito para o apagamento do Círio Pascal:

- O que preside vai junto ao Círio ainda aceso e diz a seguinte motivação:

Irmãos e irmãs, na noite da Vigília Pascal, aclamamos Cristo nossa luz e acendemos o Círio Pascal. A luz do Círio nos acompanhou nestes cinquenta dias. Hoje, dia de Pentecostes, ao concluir o Tempo da Páscoa, o Círio é apagado. Este sinal nos é tirado para que, educados na escola pascal do Mestre ressuscitado, tornemo-nos a "luz de Cristo" que se irradia, como uma coluna luminosa que passa no mundo, para iluminar os irmãos e irmãs e guiá-los no êxodo definitivo rumo ao céu.

V. Cristo, luz do mundo.

R. Demos graças a Deus.

- Nesse momento pode-se cantar e repetir um refrão próprio do Tempo Pascal, enquanto o presidente apaga o Círio. A seguir, reza:

---

[1] Missa de Pentecostes. *O Domingo*, ano LXXVI, n. 24, remessa VII de 11 maio 2008.

Digna-te, ó Cristo, acender nossas lâmpadas de fé; que em teu templo elas refuljam constantemente, alimentadas por ti, que és a luz eterna; seja iluminado o que está escuro em nosso espírito e sejam expulsas para longe de nós as trevas do mundo. Vós que viveis e reinais para sempre. Amém.

Desse modo, encerra-se o ciclo da Páscoa e *recomeça-se*, na segunda-feira seguinte, o Tempo Comum.

Considerações finais

Finalizando as nossas reflexões em torno do ciclo da Páscoa, gostaríamos de dizer, ainda, como foi importante meditar esses fatos do Mistério Pascal de Jesus Cristo, os quais se constituem como o ápice de todo o Ano Litúrgico.

Tudo o que dissemos aqui foi pensando em nossas comunidades, que celebram a liturgia da santa Igreja com carinho e que são dóceis às normas e determinações litúrgicas. Como sabemos, a liturgia não é nossa, mas é um bem precioso de toda a Igreja e por isso mesmo universal. Mesmo que se tenha de adaptar algum rito, que isso seja feito com discrição e com a licença do Ordinário do lugar (o bispo), sabendo-se que só poderá ser adaptado o que é acidental e cultural, com a finalidade pastoral de uma maior adequação dos ritos às comunidades celebrantes. A mesma adaptação poderá ser feita com relação às traduções para diversas línguas. Devem-se levar em conta, sobretudo, os aspectos linguísticos no âmbito da semântica, da fonética-fonologia e da morfossintaxe, como também no plano do discurso e da textualidade, observando, sobretudo, a fidelidade doutrinal dos textos. As celebrações litúrgicas somente atingirão seu objetivo, de levar-nos à perfeita conversão do coração, se forem bem compreendidas por aqueles que as celebram.

O essencial não poderá ser modificado e deve ser realizado na íntegra como está no *Missal Romano* e nos *Pontificais*. Aliás, uma boa leitura seria a *Introdução Geral ao Missal Romano* (*IGMR*) e à *Liturgia das Horas* (*IGLH*), um verdadeiro tesouro que poderá tirar todas as nossas dúvidas e, ao mesmo tempo, fazer com que celebremos de maneira mais devota, mais plena e consciente, a fim de que produzamos frutos.

Gostaríamos, ainda, nestas palavras finais, de sugerir para as nossas comunidades as melodias do *Hinário litúrgico* da CNBB (1987). Nele encontramos alguns hinos consagrados que não podem faltar no Tempo Pascal, sempre ligados com a temática e os Evangelhos do dia.

Chegamos, agora, ao final de nossas reflexões litúrgicas em torno do ciclo da Páscoa esperando ter dado alguma contribuição aos nossos leitores, sobretudo às Equipes Paroquiais de Liturgia, que sempre têm boa vontade, mas a quem às vezes faltam os elementos necessários para prepararem celebrações litúrgicas autênticas, interligadas e que levem à transformação do coração.

Muitas das ideias apresentadas neste livro fazem parte de nossas meditações como sacerdote e professor de Liturgia por tantos anos. Cremos que as canções do Hinário Litúrgico poderão despertar o interesse das comunidades para inovar os cânticos litúrgicos e escolhê-los de maneira apropriada e não aleatória. As celebrações da Santa Missa e da *Liturgia das Horas* deverão ser preparadas com carinho e com antecedência, sobretudo se for necessário aprender coisas novas. Não é assim quando preparamos nossas "festas particulares"?

A expansão dos estudos litúrgicos aqui no Brasil, os documentos emitidos pela CNBB e os encontros nacionais de Liturgia muito têm favorecido para a formação litúrgica dos fiéis. Esperamos, também, que este nosso compêndio, desejoso de ser apenas um manual de iniciação, possa contribuir para um maior entendimento do ciclo da Páscoa, no qual celebramos a Redenção do Senhor, ápice de toda a vida litúrgica da Igreja.

Que nossas *celebrações eucarísticas* possam dar frutos de libertação do coração e de perdão, pois somente assim teremos a justiça e seremos portadores da verdadeira alegria da Ressurreição do Senhor.

Antes de concluir, trago um texto que Cury (2005, p. 92) coloca na boca de seu personagem, o filósofo Falcão, do romance *O futuro da humanidade*: "Ajoelhou-se nos jardins, beijou as rosas, dialogou com Deus. Terminou com essas palavras: 'Deus, você foi meu amigo na loucura, na miséria e nas noites sem abrigo. Tenho medo de que não o seja na fartura e nas noites confortáveis. É tão fácil esquecê-lo. Caminhe em meus passos'".

Que essas palavras de fé possam motivar-nos para a conversão do coração. Nunca poderemos nos esquecer de Deus, que nos resgatou pelo Mistério Pascal de seu Filho. Às vezes, realmente, só nos lembramos dele nos momentos de sofrimento, mas ele deverá estar presente em todos os momentos de nossa vida, dando sentido ao nosso existir, fazendo de nós instrumentos da sua vontade.

Com essas disposições do coração, temos a certeza de que a permanência e a boa vontade de todos, com os estudos em grupos e as oficinas litúrgicas, farão com que nós celebremos os mistérios do Senhor de maneira mais plena, a fim de que, assim, possamos, juntos, testemunhar, com palavras e atitudes, que o *SENHOR JESUS RESSURGIU VERDADEIRAMENTE DO SEPULCRO* e caminha conosco na certeza da fé, mesmo diante das vicissitudes da vida, que, por vezes, somos obrigados a suportar mesmo sem entender, mas certos de que o Senhor dará sua recompensa conforme nossas obras, pois somente ele, o único Bom Pastor, é capaz de compadecer-se de cada um e de dar a vida em abundância.

Confiantes na constante intercessão da Virgem Maria, cantemos para ela a sua antífona pascal:

REGINA COELI, LAETARE, ALLELUIA:
QUIA QUEM MERUISTI PORTARE, ALLELUIA,
RESURREXIT SICUT DIXIT, ALLELUIA.
ORA PRO NOBIS DEUM, ALLELUIA!

RAINHA DO CÉU, ALEGRAI-VOS, ALELUIA:
POIS O SENHOR QUE MERECESTES
TRAZER EM VOSSO SEIO, ALELUIA,
RESSUSCITOU COMO DISSE, ALELUIA.
ROGAI A DEUS POR NÓS, ALELUIA!

(Tradução livre)

Referências bibliográficas

BECKHÄUSER, Frei Alberto, ofm. *Peregrinação de Etéria;* liturgia e catequese em Jerusalém no século IV. Petrópolis: Vozes, 2004.

CNBB. *BÍBLIA SAGRADA.* Disponível em: <http://www.edicoescnbb.com.br/site/page.php?idPage=17>.

_____. *Hinário litúrgico;* Quaresma, Semana Santa, Páscoa, Pentecostes. São Paulo: Paulus, 1987. v. 2.

CONCÍLIO VATICANO II. *Sacrosanctum Concilium.* Disponível em: <http://www.vatican.va/archive/hist_councils/ii_vatican_council/documents/vat-ii_const_19631204_sacrosanctum-concilium_po.html>.

CURY, Augusto J. *O futuro da humanidade.* Rio de Janeiro: Sextante, 2005.

FROZONI, Giuliana; KRZYSZTOF, Dworak. Cantos da Igreja da Lapa: a espiritualidade da romaria a partir dos benditos populares cantados pelos romeiros do Santuário do Bom Jesus da Lapa-BA. In: COSTA, Valeriano S. (org.). *Liturgia;* peregrinação ao coração do mistério. São Paulo: Paulinas, 2009. (Coleção Celebrar e Viver a Fé.)

LELO, Antonio Francisco. *Tríduo Pascal;* espiritualidade e preparação orante. São Paulo: Paulinas, 2009. (Coleção Tabor.)

LIRA, Pe. Bruno C., osb. *Tempo e canto litúrgicos.* 2. ed. São Paulo: Paulinas, 2011. (Coleção Tabor.)

LITURGIA DAS HORAS; ofício das leituras. São Paulo: Paulus, 1982.

MISSAL COTIDIANO; missal da assembleia cristã. 7. ed. São Paulo: Paulus, [s.d.]

MISSAL DOMINICAL; missal da assembleia cristã. 7. ed. São Paulo: Paulus, [s.d.]

ORAÇÃO DAS HORAS. Petrópolis/São Paulo: Vozes/Paulinas/ Paulus/Ave-Maria, 2000.

Impresso na gráfica da
Pia Sociedade Filhas de São Paulo
Via Raposo Tavares, km 19,145
05577-300 - São Paulo, SP - Brasil - 2015